大展好書　好書大展
品嘗好書　冠群可期

大展好書　好書大展
品嘗好書　冠群可期

名人選輯

2

莎士比亞

傅　陽／主編

品冠文化出版社

序言

威廉・莎士比亞是距今四百年以上的英國作家，然而，他的存在經常有在我們身邊的感覺，是令人驚奇的事。對研究英國文學的人來說，特別有這種感覺也是理所然的，但對普通的人來說，尤其不是英國人，卻一直對他保持極其親近的感覺，那是什麼緣故？

關於莎士比亞的一生，幾乎都沒有人知道，他的戲劇多半被翻譯成外國文字，在世界各地上演。他的作品包含了許多名言雋語，可以說是人類的共同財產。他的引用句和聖經並列，在引用句辭典中所引用的莎士比亞的句子，處處可見。

莎士比亞出生於一五六四年，逝世於一六一六年。他的誕辰是四月二十三日，根據某一種說法，他逝世的日子也是同一天，因此，可以說他的一生只度過了五十二年的歲月。他是伊麗莎白時代的大作家，將光明帶進人們的內心深處，培育了英國文藝復興期的戲劇表演，在文藝方面，也使英格蘭成為先進國家。

莎士比亞的魅力，只用他在文學史上的功績來說明，那是無法充分表達的，直到今天，他的故鄉史特拉德夫仍有來自世界各地，絡繹不絕的訪客。在市鎮上並有三家皇家劇場，他的作品經常都數部同時上演。入場券不容易得手的時候也很常見。觀眾為了接觸他的作品，全都不惜辛勞，那麼，他的魅力究竟從何而來呢？

一六〇一年，莎士比亞創作了悲劇《哈姆雷特》，其中寫了以下的一句話：

「在天和地之間，荷雷西先生，
哲學無法想像的事情也存在著。」

這是哈姆雷特向親友說的一句話，哈姆雷特是威丁堡大學的學生，以當時來說是個最高級的知識份子。這句話是他看見了已經逝世的父王的亡靈，父王命令他向暗殺者復仇之後不久所說的一句話。

這句話令人驚奇、敬畏，這種認識的正確，究竟有多大的說服力呢？莎士比亞是怎麼的人物？

實際上來說，確實的全體形象我們無從得知，但可以確知的只是，被認為是莎士比亞所創作的作品群而已，而他在每一部作品所共同表達的，便是掌握人類世界的本來性格，呈現人各種的面貌。哈姆雷特的話中，莎士比亞真正想要描述的是什麼？我想已經很明白，無需贅言。

對於莎士比亞的作品，任何人都可以自由地解釋，雖然從他的作品可以看見形形色色的世界，而受人喜愛，然而，若要從作品一望即知作者的人品，能加以整理，呈現出來，恐怕就不是容易的事了。描繪他生活情形的記錄其實很稀少，日記或信件等一切相關文件也付之闕如，在這樣的情況之下，想要在本書敘述莎士比亞的「人與思想」，實在非常困難。

然而幸好有許多作品流傳下來，本書以年輕人為對象希望成為他們的入門書，但如果有人透過這本小書對莎士比亞產生興趣的話，無論如何請繼續接觸實際的作品，儘量品味他那取之不竭的深遠、廣闊的作品世界。如此一來，對編者來說就是再喜悅不過的事了。

目錄

序　言……三
第一章　出生及成長的時代
傳說中的人物……一〇
轉移的命運……三二
第二章　劇作家之路
熱忱及挑戰的習作期……五四
從飛躍到安定……七八

第三章　邁向廣大無邊的宇宙

新的劇場及活動……一一六
逐漸加深的人生……一五五
莎士比亞年譜……一九七

第一章　出生及成長的時代

傳說中的人物

威廉・莎士比亞（William Shakespeare），一五六四年生於英國中部的奧里克西，他的誕生日據說是四月二十三日。父親是約翰・莎士比亞，母親是瑪麗・莎士比亞，他是父母的第三個孩子，上面有兩個姊姊，所以也是家中的長男。

莎士比亞的一生，究竟過著怎樣的生活，其實並不太令人明瞭。他的一生，可以說充滿了許多謎及傳說，原因之一是，莎士比亞的生活究竟如何，直接敘述這些情形的記錄並未留傳下來，並且那是個將人的出生、死亡勉強留在教會記錄的時代，所有的記錄都是斷片性質。想要對一個人的一生有全盤的記錄，線索實在太少了。

另外，莎士比亞也沒有留下自傳，更沒有寫日記的習慣。至少，令人懷念其生活的文章，直到今天為止都尚未被發現。他雖留下了超越時間及國境的作品，但是，莎士比亞的親筆原稿卻一篇也沒有留下來。現在已知的莎士比亞真跡，只有六個署名，以及遺書上所記載的一句（by me）而已。

這樣的情況，反而驅使許多研究者去研究莎士比亞，筆跡鑑定家想從古書中找出莎士比亞的真跡，學者則致力於研究古老作品的作者是否為莎士比亞，按步就班地持續研究著。在經過長年許多人努力的結果，今天我們對莎士比亞已有了更深入的瞭解。

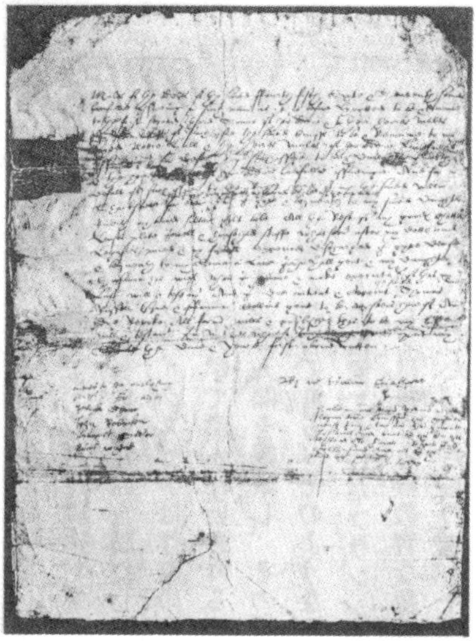

莎士比亞的遺囑（第3頁）

直到今天這點都一直不變，大英博物館的圖書室所保管的「《聖湯瑪斯曼》的劇本」，據說曾被宣佈是莎士比亞的筆跡，這是一九八〇年的事情。在此說法發表之前，有好幾位研究者從各種角度進行研究，調查其筆跡。對莎士比亞用詞的習慣加以探究，分析他喜歡使用的詩的意象。最後，甚至動員了電腦來進行龐大的作業。結果，可以認定「《聖湯瑪斯曼》的劇本」的一部份是莎士比亞的真跡，在英國的新聞界曾喧騰了一陣子。顯然這是利用現代科學文明的最新技術，以及智力的總動員來進行對莎士比亞的探索。

莎士比亞創造了許多作品，且都是傑作。這也是讓後世的讀者感到驚奇的原因。莎士比亞並非作家家族的一員，也並非曾在當時的最高學府牛津及劍橋等大學學習過的知識份子。然而，為何四百年前的古代，能具有那樣深刻的洞察力來觀察人，以適合當時的美麗詞句寫成詩呢？

抱持這樣疑問的人士之中，有人將被認定是莎士比亞所創作的作品，認為是當時的哲人政治家法蘭西斯・培根所創作，這樣的研究者不少。更進一步地，有人甚至認為莎士比亞只不過是個未受過教育的農民，但他突然發揮了奇蹟式的創作能力。這些說法在今天都未獲得支持，因為這是優秀的藝術家常有的傳說，像莫札特就有一些奇特的傳說。

雖隱藏於傳說之中，莎士比亞確實生長於伊麗莎白王朝的文化興盛期，一點也不需懷疑，莎士比亞雖然沒有到最高學府就讀，但他曾受過文法學校的教育，這點已經成為今天的定論。

莎士比亞的少年期，曾在史特拉德夫的學校受過高級的拉丁語教育，學會了拉丁語，不僅在英國，更意味著廣泛地參與歐洲的文化世界。莎士比亞生長於文化、藝術有起飛可能的環境之中，也親自綻開了英國文藝復興的花朵。

莎士比亞的家系

莎士比亞的父親約翰・莎士比亞，出生於距史特拉德夫近郊五公里遠的小村史紐達夫爾德，是某個農家的長男。莎士比亞家大概是一戶小佃農，依照習慣，長男繼承家業從事農業為普通的情形，但他沒有這樣做，他敏銳地觀察出時勢，所以，捨棄了農業當了七年的學徒。

當時的英國，以一五三四年亨利八世設立英國國教教會為契機，向著近代國家的目標開始走上獨自的國家。社會從中世紀的束縛解放出來，充滿著自由的空氣。但是，新的社會變化對沒有土地的小佃農來說，並不是件可喜的事。隨著社會的變動所發生的經濟混亂，引起了劇烈的物價波動。

契約沒有繼續維持的小佃農，不一定能再訂立契約，獲得耕地，即使能租到耕地，也必須支付比以前更高的田租，但由於當時正要開始實行莊園土地化的關係，情勢有所改變。

約翰・莎士比亞大概看出了這個社會情勢，才捨棄成為佃農的命運，而選擇

亨利街的莎士比亞出生地

了當學徒。學徒意味著要在社會上自立。他到史特拉德夫當學徒才約十年的時間，但莎士比亞出生時已經在新建城市的大街開了店，他所經營的是手套製造業。

這是利用皮革製造手套的工作，在這些製品中，也有貴族男女所戴的優雅裝飾品。和海外的競爭對手同樣受到法律的保護，可以說是比較優惠的職種。莎士比亞才二十出頭就將妻子、兒女留在故鄉，為了新進產業，投身於倫敦的戲劇界。他的先見之明是以挑戰精神作為後盾，然後採取行動，也許這種精神正是承襲他的父親。

莎士比亞的父親生意作得非常成功，於是參與了市鎮的政治。開始時擔任當地酒類的酒質檢查官、市議會議員、市府財政的收入官、參事議員，都是需要居民信賴的要職。他相繼擔任要職，最後終於成為市長。

這是莎士比亞四歲時的事情，此時便是史特拉德夫的約翰·莎士比亞一家的全盛期。

莎士比亞在《哈姆雷特》中，描寫大臣霍羅尼告戒其兒子雷迪茲處世智慧的場面：「不要任意發表自己的意見，不要錯失好朋友，絕對不借錢給別人。」類似這樣的教訓，霍羅尼對即將遠行的兒子娓娓道來，這是對要進入社會的兒子的忠告。當然，不能說莎士比亞將父親當作作品中的人物莫迪爾。但是，以一介地方商人晉陞到極高地位的父親，和兒子之間確實也有類似的場面，可以令人想像得到。

後來，在戲劇界獲得成功的莎士比亞，買了故鄉的宅邸及土地，利用投資不動產來保護財產。莎士比亞的每一部作品，都是美麗的詩句，不過，和詩人所用的言語給人印象稍有不同，他擅長於現世智慧的生活方式，似乎莎士比亞自己正過著這樣的生活，而在作品中，和擅於處世智慧的父親更有一脈相通之處。

莎士比亞的母親在少女時代的名字是瑪麗·安蒂。追溯安蒂一族的歷史，有非常悠久、優良的家世，曾經是奧里克西一帶勢力極大的豪門巨族。莎士比亞母

母親瑪麗的娘家安蒂家

親的娘家，追溯起來可能帶有安蒂一族的血統，莎士比亞能鮮明地描繪出貴族的女性，有人認為是因為母系的血統很高貴的緣故。

母親是世居史特拉德夫近郊富裕的地主，莎士比亞在孩提時代，也曾隨母親到母親的娘家遊玩。現在位於威爾姆可特的村子，還保留了被認是她娘家的宅邸。是一棟白色油漆、浮出黑色柱子的美麗房子，看來是非常富裕的農家，一家過著優閒的生活。

她的父親也擁有土地及房屋。約翰・莎士比亞的父親，也就是莎士比亞的祖父所住的房子，據說是借自瑪麗父親的土地。但兩家因為以土地為媒介，保持了親密的關係。莎士比亞的母親是受父親喜愛的可愛姑娘，她是十二個兄弟姊妹的么妹，繼承了許多遺產，後來嫁給莎士比亞的父親。莎士比亞的雙親便如此在史特拉德夫開始生活著。

她嫁到丈夫在亨利史特里德的店裏之後，相繼生了八個子女。最初的兩個女兒都不幸夭折，第三個出生的孩子便是莎士比亞。接著是吉伯特、瓊恩、安、理查、艾德瑪。其中安在七歲時亡故，艾德瑪和莎士比亞一樣進入戲劇界，但以二十八歲的英年不幸早逝。有關吉伯特及理查的事情比較不清楚。在莎士比亞所遺留的少數記錄中出現的妹妹瓊安，是和莎士比亞感情較好的妹妹。莎士比亞晚年安靜地在史特拉德夫過生活，但瓊安結婚後也留在故鄉。她所生活的亨利史特里德是父親的房子。這棟房子在父親死後，由莎士比亞繼承，他製作遺囑時，沒有忘記將房子留給妹妹。

不明的誕生日

前面說過，莎士比亞的出生日期是四月二十三日。但這個日期其實只是姑且暫定而已。莎士比亞所生長的伊麗莎白王朝，並不是孩子一出生就要到政府機關辦理出生登記，也沒有任何制度，只是留下受洗的記錄。

莎士比亞在史特拉德夫的聖三位一體教會接受洗禮。日期是一五六四年的四月二十六日。從幾項理由可以推定誕生日是三天前的四月二十三日。

第一項原因是，誕生後三天受洗是當時的習慣。然而，這種行事慣例都附帶了迷信。就像和台灣喜歡大吉日一樣，四百年前史特拉德夫地方的父母，也拘泥於傳統，以誕生第三天為吉日良辰讓孩子接受洗禮。這樣想也是再自然不過的事情。在孩子的死亡率較高的時代，考慮這項原因的可能性應是很大的。

聖三位一體教會

接著可能的原因是，這天是英格蘭的守護聖人聖喬治的節日。守護聖人在英格蘭、威爾斯、蘇格蘭、愛爾蘭等四個國家都被祭祀著，人們深信祂會守護各地的安全，成為人們生活中根深蒂固的信仰。

並且，莎士比亞逝世的日子也是四月二十三日。這位國民性大詩人的誕生日和逝世日同一天，同時這一天是守護聖人的節日，沒有比這更合適的事。

十九世紀前半期活躍於英國作家特・克恩西，認為莎士比亞的誕生日應是這一天沒錯。莎士比亞的孫女也在這天結婚，他推測是為了取其祖父的誕生日，使婚禮更有意義，因此，以這根據主張四月二十三日是莎士比亞的誕生日。

四月二十三日雖並沒有推測錯誤，但四月二十二日也不算錯誤，在想要探究莎士比亞誕生日的人士之中，我們能感覺到人們重視這位詩人的心情。

少年時代的教育

少年時代的莎士比亞似乎曾在文法學校接受教育。位於城鎮吉爾特大廈二樓的這所學校，現在經過修復作業，建築物仍完整地保留下來，觀光客非常多。

十六世紀是教育受到重視的時代。一般大眾尚未接受太多的教育，也不太認識字，但文法學校相當熱心地對大眾施予教育，讓每個人都有學習的機會。迎向近代的嶄新社會，英格蘭的新興階層由於接受教育，有了成長的餘地。

莎士比亞也曾就讀於文法學校。父親擔任市政府的要職，除了本身發展性的性格，還有學費也是免費，雖然沒有任何記錄，但認為莎士比亞能在文法學校學習，也是自然的結果。

既然如此，莎士比亞可以說接受了相當嚴格的填鴨式教育。文法學校的功課每天都非常嚴格。學校每天早上從六點到七點開始祈禱。緯度較高的英國，冬天時的早上六、七點還是很暗。酷寒而黑暗的道路，年幼的兒童陸陸續續到學校。上課中途僅有一點休息時間而已，一直要到傍晚五點或六點，從七歲開始入學的幼齡學生，每天要做完功課，不輸於今天台灣的教育熱，不管父母或孩子，大家都很熱衷。莎士比亞在《隨心所欲》中，便描繪了通學的學生們的模樣。

……帶著書包
早晨發出光輝的臉龐像蝸牛般
慢吞吞地，不得不走上學校之路的彆扭學生

以文法學校來稱呼學校，是因為學校以教拉丁文的文法為止。正如名副其實的，學科是拉丁文文法的學習中心，以數冊的教科書，灌輸給學生精通各國語文的知識。

少年們首先學習初步的文法。教科書稱為「里里」，是英國教育界的先進，用淺易的英文說明拉丁文文法的書籍。在此學習了文法的ABC之後，接著便實際傳授例句、文章。先由簡短的格言開始，依照順序，進入程度較高的原典。

少年時代的莎士比亞，應該在此階段接觸了羅馬的喜劇作家德雷達溫斯，以及雄辯家西塞羅等人才對。莎士比亞學習了拉丁文文法，但學習也考慮到，讓少

得到參觀許可的人，在目前的文法學校教室內

年透過所使用的教材，能接觸、學會社會常識及寬闊的世界觀。教材不僅是解讀而已，也加上作文。教師利用種種的方法訓練學生寫好的文章，學生最後都能寫出具表現力豐富、有說服力的文章。也就是說，文章創作的基礎訓練是在文法學校實施。

現代社會對文章創作的關心極高。歐美諸國的大學以正規的科目設立創作講座的學校比比皆是，許多作家接受了這種講座的恩惠。作家通常需經過什麼樣的過程而創作出作品呢？對於這個答案，似乎因時代而各不相同，但以現代來說，還是以經過國家教育而誕生作家的情形居多。實際上，美國的現代作家絕大多數便是由創作講座產生出來的。文法學校的教育雖不是創作講座，但少年們在那裏學會了如何表現自己的思想。莎士比亞大概也接受了這樣的教育。

後來創作時，莎士比亞以希臘、羅馬的作家作品作為參考的地方很多。這些作品莎士比亞究竟在什麼時候閱讀的呢？再度被謎的紗布包裹住，但這些作品作為文法學校的教材來使用卻是事實。

高年級所閱讀的教材，採用的範圍非常廣泛。如果以文學的類別來考慮，從詩、戲劇、散文……幾乎所有都包羅在內。羅馬詩人有奧迪歐斯、溫爾吉、荷拉迪華斯等三大詩人的作品。奧迪歐斯是《變身譚》的作者。溫爾吉是羅馬的國民敘事詩《安奈伊斯》的作者。莎士比亞很喜歡閱讀《變身譚》。教學科目除了拉丁文，也廣及希臘文，實際上他接受了高度的文學教育。

莎士比亞常被認為「只學了一點拉丁文和一點希臘文而已」，但從莎士比亞死後所出版的作品集的獻辭看來，以後這篇文章一直被認為是駁斥莎士比亞未受過教育的證據。

正如前面說過的，莎士比亞對於古典的知識，是現代人難以比擬的廣且深。伊麗莎白王朝畢業於牛津、劍橋兩所大學的學生稱為「大學才人」，是受人羨慕的一群文學家，像他們這樣擁有學習高水準學問的機會，莎士比亞是不可能一樣的。但自從進入文法學校以後，社會本身正是莎士比亞的學習場所。與其追求學問性的知識，不如投入於實際生活中的人們，是莎士比亞創作的源泉，莎士比亞披身於倫敦的戲劇界，比在大學所學的學會了更多的事情。

現代化及英格蘭王國

莎士比亞出生於一五六四年，逝世於一六一六年，所以說，他過了五十二年的人生。和現在的人相比，可以說是極短的壽命。在莎士比亞短暫的人生中，因為受到國家繁榮及文化發展的恩惠，從這點來看，他有著平和的一生。

在莎士比亞五十二年的歲月中，幾乎都是伊麗莎白女王的治世期間。社會上由於宗教改革暫時停止了大變動，王國正走向安定道路的時代。同時，歐洲全體社會也從中世紀轉移到近代。

英格蘭王國成為近代的王朝，踏出第一步的，被認為是在亨利七世的時代。相當於女王祖父的亨利七世創立了都鐸王朝，由於玫瑰戰爭的內戰，王國終於成為近代的絕對王朝，得以統一。當時的歐洲，各地由中世紀產生了近代的胎動。譬如，義大利有所謂的文藝復興期，達文西的活躍受到世人的矚目，哥倫布發現新大陸的新聞很快傳遍了整個歐洲。另一方面，精神層面也掀起了大變革的新浪潮。馬丁路德所發起的宗教改革的風暴，對於中世紀教會的腐敗大加撻伐的路德派宗教改革，顯然是象徵近代精神萌芽的事件。

接著亨利七世，英格蘭王國由他的兒子亨利八世繼任王位。伊麗莎白女王的父親擔任國王的時代，英格蘭王國體驗了宗教改革。和歐洲的宗教改革，不同的是英格蘭王國的宗教改革與其說是宗派上的論爭，不如說是想維持強大王權、保住絕對王政的國王，對於羅馬教會所採取的政策。亨利八世對於當時拜訪英國的歐陸人文學家伊拉斯謨斯等人的反教權思想，表示了極大的關心，是具有柔軟的政治手腕的一位國王，但他大膽地脫離羅馬教會而獨立，創立了英格蘭獨自的英國國教會，他宣言自己將擔任教會的首長。在羅馬教會沉重的支配所傳遍的歐洲社會，亨利八世的行動，顯然是對歐洲諸國翻天覆地的衝擊性事件。教皇十分激怒，將國王趕出了教門，但國王一點都不畏懼，發揮了政治手腕。

他將以往直屬於羅馬教會的修道院所有地賣給了新興階層，使瀕臨破產的國庫再度富裕起來。由於此政策所販售的土地，高達王國全部農地的六分之一，以往的經濟基盤遂隨之崩潰，急遽的經濟變動襲擊了王國。即將富裕的貴族取代了領主，以往受到壓迫的中產階級的農民及商人，逐漸向社會的上層階級抬頭。國王的政策雖然引起了混亂，但從此也打開了自由而個人主義的經濟活動的道路，深具意義。

一五五八年，繼承亨利八世政策的是伊麗莎白女王，她是亨利八世的次女，也是父王的第二位王妃所生。父王死後，即王位的是信奉新教的愛德華六世。接著的瑪麗女王卻是虔誠的舊教徒，他們幾乎每幾年就動搖王國的政策。順從國家所揭示教育的追隨者，在下一個時代卻受到嚴厲的迫害。經濟混亂依然持續著。伊麗莎白女王的時代，便是如此一個不安定的社會。

伊麗莎白女王時代的議會

自從發現新大陸以來，歐洲各國的眼光都向著新世界，但伊麗莎白的王國卻沒有龐大的海軍力。英格蘭只不過是歐洲之外一介的弱小國家而已。作為這個國家主人的她，善用了遺傳自父親的政治手腕，使英格蘭成為歐洲最強的近代國家，她即位後在議會的演說，敘說自己已下定和王國結婚的決心，她的一生準備獨身。作為女性，她付出了許多犧牲，和王國共度了一輩子。

快樂的英格蘭

在英國的歷史中，被認為是近代開端的都鐸王朝，在伊麗莎白女王的時代邁入全盛期。到今天為止，英國的人們仍然相信，國家元首若為女王的那個時代，國家必定繁榮無疑。伊麗莎白女王的時代，以及之後的維多莉亞女王的時代，英國具有席捲全世界的勢力，可見伊麗莎白王朝時英格蘭的繁榮程度，英國人民直到現在都不曾改變，持續抱著尊敬女王的心意。莎士比亞所出生、成長的時代，正是這樣的時代。

即王位時，女王才不過二十五歲而已，但她立刻致力於整頓在新教和舊教之間動搖的人心，建立統一國家的磐石。她再度召開英國國教教會，就首長之位，將政權及教權統統攬在手中的她，名副其實成為最高權力者，推行自由的政策，英國在歐洲各國之中可以說特別安定，逐漸成為強大的國家。

國民的生活充滿了生氣，地方雖然進行農地自由化，但仍留下了豐饒的森林及原野。各村的商工很發達，生活所必要的工業製品幾乎都能自給自足。在村子的周圍有寬廣的農耕地，能收穫小麥及裸麥，運送到普利斯特及倫敦等都會商業的勢力伸展至海外，羊毛及毛織物更輸出海外市場。進出海外國家的能力不僅止於商業。莎士比亞二十四歲那一年，英格蘭的海軍已經打敗了自詡為海上無敵的西班牙無敵艦隊，塔雷克船長已經完成環繞一周的壯舉。蘇格蘭的國境經常受到侵入及略奪，但女王治世的期間，兩國之間的關係好轉。

人們過著快樂的日子，國民經濟的基礎趨於穩固，國力不斷增強。自然資源豐富，並且城市充滿了生氣。大家享受著由中世紀的束縛解放出來的自由，從之後時代面臨的宗教上的風暴，以及機械文明都可以瞭解。

一般而言，人們的心情非常優閒，是音樂及詩歌最受到喜愛的時代。音樂及抒情詩，本來就在女王的父王亨利八世的宮廷中盛行著。然而不僅宮廷人士愛好藝術，社會各階層的人，都感覺到這股開放性、充滿可能性的時代空氣。人們高聲吟詠著歌曲，創作詩句，喜歡音樂的演奏，英國文藝復興的根底，不僅是因為有名的藝術家們，更在於全體國民都有愛好藝術之心。這種社會的情況，可以用「快樂的英格蘭」來簡單地描述。莎士比亞的各作品，便是以此時代及社會作為背景而產生的。

如莎士比亞的出生地史特拉德夫這名字所表示的，是由愛茵河開拓的地方。人口約有兩千人。愛茵河被作為水路而利用，因此，沿河的史特拉德夫獲得交通上的地利之便。並且街道渡過這條河，也是陸路及水路交叉的地點。因此，這個城鎮自古以來便成為市場而繁榮著，鄰近的農民帶著家畜前來，到史特拉德夫的街上或廣場開闢了市場。城鎮的周邊一帶一片肥沃的土地，成為國內有數的穀倉地帶。史特拉德夫可說是富庶的農業地域典型的一中心地。

一五五三年，這個小鎮實行了自治制，獲得國王的許可狀，城鎮的人開始親自經營城鎮。從中世紀古老的體制擺脫出來，在史特拉德夫地方的小村莊進行，市議會的獨立獨步，親自規定條例。以從事手套製造為職業，莎士比亞的父親積極參與了城鎮的政治，此時期中，自由的新空氣流傳於城鎮之間，這便莎士比亞出生地的情形。

森林和田園的地方

現在雖已看不見，但當時愛茵河西北方有一片綠油油的廣大森林。此森林是人煙稀少的森林地帶，是鹿或兔子的棲息之處。夏天時野花盛開著，小鳥的叫聲非常優美。少年莎士比亞經常到此森林遊玩。豐富的自然，不難想像有助於少年的情操教育。莎士比亞雖在倫敦過了一段長久的時間，但他一輩子都繼續保持著田園詩人的身份，而不是都會詩人。下面的詩歌大概是從莎士比亞少年時代的體驗所產生的：

綠色的樹蔭
橫臥著　鳥和它相和著
快樂的　喜歡唱歌的人
來吧　到這兒來　來吧
除了冬天及暴風雨之外
這裏是沒有敵人的地方

莎士比亞這首詩見於中期的喜劇《隨心所欲》書中，《隨心所欲》是以田園劇的形式完成，揶揄了從田園所看見的宮廷醜陋的一面。主角的劇團一行人，遭遇了權力慾望的漩渦而被放逐的可憐狀況，逃到安帝亞的森林，在那裏所吟唱的詩歌便是前面這首。結果，還逗留於森林的主角和對立者和解了，一行人又回到

史特拉德夫的麥田

宮廷。這便是《隨心所欲》的故事，創作此作品的莎士比亞，大概是因為作為宮廷的極端對立的另一面，想起了豐富、寬容的故鄉的森林。

史特拉德夫的自然環境實在非常豐富，愛茵河的兩側有廣大的麥田，麥子充分吸取大地的養份，健壯地成長。那無邊無際的空間，可以說是充滿活力的生命世界。

少年莎士比亞大概也是感覺到田園的活力而生活著。

創作晚年的喜劇時，莎士比亞尚未忘卻充滿生命力的田園，在《冬夜》裏，他讓販賣婦女小東西的商人奧特里卡斯出場，在構成喜劇上擔任了重要角色的登場人物，既非好人，也非賢者。他利用三寸不爛之舌，將小物品賣給農民，成為走動於各村莊的巡迴商人，甚至有時做了類似詐欺的事情，賺取人們的金錢，卻看來一點也沒有陰險的樣子。因為奧特里卡斯充滿了生命力、性格明朗，沒有人會懷疑他是那樣的人。

莎士比亞描繪了奧特里卡斯，相反地，在一片寬闊麥田的田園中，也許讓後世的讀者獲得樸素、充滿生命力的形象。總之，是莎士比亞所描繪的田園風景之一，並非談論善惡的倫理。在堅苦的社會中，角色仍一味生存著，享受快樂的世界，才是作品的事實。

史特拉德夫現在雖舖設了鐵路，火車在中部的大工業都市伯明罕之間，通過麥田及牧草地行駛著地方鐵路。早晚因為到城鎮工作的人相當擁擠，而鐵路的中途站，某一天傍晚發現了有趣的事情。

對面往伯明罕方面的月台有三個十五、六歲的少年，站在那裏談話。看來他們似乎準備到都會的迪斯可舞廳遊玩，三人全部都打扮成女裝，衣服是女性用的短裙，很明顯的是網球裝，頭上則戴著白色的緞帶。他們在月台看見開往史特拉德夫的火車時，好像很怪異地磋商著。下一個瞬間，向著後面的三人排成一列，一起往前傾，然後將裙子「咻」一聲地掀開。乘客也許因為習以為常表情都未改變，而少年們在夏天傍晚的月台上大聲爆笑出來。這在其他國家的農村是看不見的景象，並不乖順的孩子們的生命精力，隱藏於風景裏。這是發生在史特拉德夫近郊亨利伊恩安迪亞的故事。

轉移的命運

莎士比亞的父親，是個生活富裕的優秀手套製造商，但其興盛期並不長久。少年莎士比亞親眼目睹父親的沒落。這項體驗使莎士比亞對人生有更深一層的洞察，其他的研究者也認同這一點。

由於商業上的不順利，父親也從政治的舞台退下來。一五七六年左右，莎士比亞十二歲時，一家發生了一大轉機。以往擔任市議員、參事議員、市長、首席參事議員的父親，比任何人都盡力於市政，但現在他持續缺席未到市議會去，害怕債權人向他請求還債，也不去作禮拜。

在此之前，他以生意成功及政治地位作為踏腳石，計劃得到地方商人所能獲得的階級，也就是鄉紳階級。因此，他向紋章院申請紋章的使用許可，但打消此計劃之後，莎士比亞的父親在經濟上的困窘，表露了足以襲擊史特拉德夫全市的嚴重景氣衰退的一端。

在此經濟不安定的時代，街上出現了許多貧民。城鎮的半數人口，在轉換到另一個世紀時，已經變成貧民狀態，到了這種說法的程度，可見貧困的嚴重性。再加上社會狀況的擴大，使父親背負了龐大的債務，莎士比亞家的經濟困難更形雪上加霜。但具有反叛性格的父親，也擔任別人的保證人，而此時又碰上全體社會的經濟衰退，連別人的債務都要背負。

適合擔任政治家的父親，性格平易近人，對一家人來說反而變成災難。莎士比亞十四歲那年，父親將從妻子安蒂娘家所繼承的土地出售，以償還債務。

父親在市政上展現其才華時，少年莎士比亞是「老闆莎士比亞」的兒子。莎士比亞到學校所學的科目中，也有市政的討論，因此，父親和兒子步上同一條政治之路。不過，莎士比亞到了十八歲時，父親的經濟困難已瀕臨破產的邊緣。自此以後，莎士比亞的父親再也無法靠自己的能力，恢復以前的繁榮了。

鎮上的人，對於曾為市政盡力的約翰・莎士比亞，仍保有人情味的態度，雖然他經常缺席，但市議會採取特殊案例的處置，十年內都未將他除名。

這便是莎士比亞的少年時代，以及莎士比亞一家的情形。史特拉德夫某個個人的成功，從全體社會來看是很微不足道的事情，然而他父親的沒落，最能作為一個處於頂點的人，瞬間竟跌落無底深淵的事例。人的命運是會轉變的，這便是少年莎士比亞的體驗。

你必須覺悟死亡

描繪骷髏床鋪

一五六四年出生的莎士比亞，正是史特拉德夫的街道被瘟疫（黑死病）大流行所襲擊的時期，剛出生的莎士比亞，便暴露於死亡的恐懼之中。

瘟疫大流行的數個世紀之間，對歐洲人來說是死亡的恐懼之源。在所有瘟疫中，尤其如果染上了腺瘟疫的話，皮膚會變成紫黑色而逐漸乾扁，那種顏色令人毛骨悚然。十四世紀中業從西西里島登陸的瘟疫，在數年之間就形成大流行。使歐洲人口的三分之一死亡，留下悲慘的記錄。

之後到了十七世紀，就像人一時興起一樣，無意間便流行一次。瘟疫奪走了人們的生命，對歐洲人來說，瘟疫究竟何時會從何地襲擊過來，一切都無從得知，它正如死神一般，隨時會取走人們寶貴的生命。

莎士比亞出生那年的大流行，因病魔而病倒的鎮民人數，超過二百人。因為鎮上的人口才二千人，因此，可以說是極高的死亡率。一家有六、七人的家族，從比例來看，許多家庭至少會有一人因瘟疫而丟掉性命。從這點可見，整個城鎮都瀰漫著對死亡的恐懼氣氛。

像倫敦這樣人口非常密集的大都市，瘟疫的流行無疑將帶來更大的災禍。莎士比亞一生中碰上好幾次瘟疫的流行，但其中活躍於倫敦事業開始上軌道的一五九二年的大流行，對於他嚮往的劇作家生活，抹上了一層陰影。此時，莎士比亞勉強避免了死亡，但倫敦市民一年之間的死亡人數高達一萬人以上，其中甚至有一家都不幸遇難的例子。

人們都想盡辦法來逃避死亡的恐懼，但因為衛生環境惡劣，對瘟疫病菌的媒介老鼠及跳蚤完全沒有任何預防措施的社會，努力畢竟都是一場空，歸於徒勞無功。誰都不能不具備生命的危機感及死亡的意識。

莎士比亞那個時代的人所具有的死亡意識，可用「你必須覺悟死亡」這句話來描述。這句話由骷髏圖案所意象化，成為那時代的口號。

有些人因死亡的恐懼而和諦觀產生了關聯，而諦觀造成對現世價值的輕蔑。肉體有限，最後都成為蛆蟲的食物，這世界的榮耀繁華有什麼意義呢？由於這類的事件，抱著諦觀想法的人想出了這樣的觀念。同時另一方面，死亡的覺悟和生命的謳歌相結合的情形不少，和殘酷的死亡相對比，人們在生活、藝術等方面，爆發了生命力，這便是文藝復興的特徵之一。

莎士比亞也不例外，他將那時代的風潮——諦觀及生命力——巧妙地描繪出來，將它作品化。一五九二年瘟疫襲擊倫敦之後，創作了被認為此時期作品的《羅密歐與茱麗葉》。由此作品介紹了一個例子。下面的台詞，是由主角羅密歐的親友馬基西奧口中說出。他是個血氣方剛、富於機智的年輕人。被捲入反目成仇的兩親友競爭糾紛而受到致命傷的馬基西奧，這樣吶喊著：

帶我回家去，威霍里歐！

我要暈過去了；

每一家最好都受到瘟疫的作祟！
渾蛋，兩家都把我當作蛆蟲的食物！
可惡，啊被殺了，在你們的家裏！

馬基西奧面對即將斷氣時的絕望，對於莎士比亞的觀眾來說，應該會伴隨著現實的恐懼才對。莎士比亞非常瞭解這點，所以，將觀眾共通的切實思想帶入作品裏。

比方說，莎士比亞本身對於「你必須覺悟死亡」這時代風潮，究竟是獲得諦觀還是謳歌生命，莎士比亞所意識到的死亡究竟在何種境地，人們並不瞭解。但作為一個藝術家，莎士比亞的眼光經常向著活生生的人。他的作品中有時會描繪夢想死亡的人，也描繪了達到諦觀境地的人。但莎士比亞以生命的一種狀態描繪他們的面貌，絕不是否定生命。莎士比亞的興趣，在於為生活而煩惱、痛苦、喜悅的人的事物上。在這些人的身上，便隱藏了莎士比亞的藝術生命。

莎士比亞被認為是具有強韌生命力的人，後來，莎士比亞失去了疼愛的獨生子，但在此時期他所描繪的，是所有作品中最富於喜劇性格的人物。《生命本身》中的人物弗爾斯達，是個會大吹大擂的小壞蛋，身材像啤酒桶般肥胖，是模樣不怎麼體面好看的人物。但他在這個小人物龐大的身軀中賦予了生命，成為人見人愛的登場人物。

離開文法學校

至於莎士比亞是否正式畢業於文法學校，並不是沒有懷疑的人，但正如前面所說過的，自從莎士比亞家的經濟發生問題之後，為了到因負債而一貧如洗的父親的店裏幫忙，莎士比亞不得已離開文法學校的可能性也並非沒有。同時，對時代的風潮相當敏感的父親，看出中產階級教育熱高昂的時勢，即使家道中落，也堅持不讓長男從免費的文法學校中途退學。這也有可能。總之，莎士比亞好像在十五、六歲時便結束了學校生活。

離開學校之後，莎士比亞做了些什麼工作？關於此點，也有種種的說法。利用在學校所學會的文法知識，擔任地方學校的老師是一種說法，這個說法沒有可以否定的根據，但也很難說正確的。

也有說法是，莎士比亞曾從事軍務方面的工作，並有記錄。但在當時威廉、莎士比亞都是極其普通的姓名，也許是其他人的記錄也說不定。

第三個是服務於法律事務所的說法。此說法來自莎士比亞對法律很瞭解的事實，因此，尤其受到主張莎士比亞本身是個法律家的研究者的支持。不過，如果從莎士比亞喜好訴訟這點來考慮，也不能一概認定莎士比亞曾從事法律工作。

莎士比亞的父親在家境富裕的時代，為了追求利益，因生意上的競爭引起了訴訟，家道中落之後，為了保有和自己權利有關的財產收入，三番兩次上法庭。這對莎士比亞來說也是一樣，成為資產家之後，他為了向債務人要求償還些微金額的債務，大打官司。寧可說從這些事實可知，當時的訴訟是比今天更日常性的事情，也可認為莎士比亞家對金錢上的問題，一向利用訴訟來作公正的處理，有避免無謂爭執的家風，所以莎士比亞也受了影響。

接著可能的便是，學校畢業之後，莎士比亞暫時在父親的店裏擔任學徒的說法。此說法與人較自然印象，但是，根據現今的研究，此說法並有獲得確實的證據。

後世的讀者所周知的是，莎士比亞至少在十八歲還留在史特拉德夫。既然如此，他對窮困的家族尤其是父親，應是一個強有力的精神支撐。因為他的家裏還有年幼的弟弟及妹妹，離開學校的莎士比亞，對家庭來說是一個可依靠的人，一般可能都會考慮到這點。

但這對莎士比亞本人而言，並不是真正的面貌，畢竟他的理想是前往倫敦。在史特拉德夫的期間，他大概也持續不斷地閱讀。他追求新的故事及知識，考慮到更寬闊的世界去發展。像莎士比亞這樣的青年，前往倫敦並不是很稀奇的。莎士比亞有個相當於前輩的朋友理查・弗爾德已經前往倫敦，過著印刷出版的學徒生活。莎士比亞是有為的青年，想活躍於大都會也是極其自然的。

但是，目標向著新世界而離開故鄉的莎士比亞，並不是因為懷有希望而腳步平穩、輕鬆的青年。十八歲的莎士比亞，已經有了婚姻的束縛。這是在學校時代之後、成為倫敦成功的劇作家之前，莎士比亞所留下的唯一記錄。

和安的婚姻

一五八二年莎士比亞十八歲時，當年的十一月他結婚了。對方是住在西塔利名叫安・哈薩威的女性。安的娘家是富裕的農家，從史特拉德夫延伸過去的小路盡頭，一座覆蓋茅草作屋頂的大邸宅，從亨利史特里德的莎士比亞家走路到安的家，大約需三十分鐘，那條小路現在仍長著綠油油的樹木，是一條舒適愜意的散

妻子安・哈薩威的娘家

步道。

莎士比亞和安是否為青梅竹馬無從得知，但是，根據擔任市長，在史特拉德夫是有頭有臉人物的父親來看，兩家雖是鄰村，實際上只不過是近在眼前，和哈薩威家之間有交往，也是極有可能的。安好像有許多兄弟姊妹，大概是七個兄弟以上的長女。

和莎士比亞結婚時，她已經二十六歲，以當時的女性來說算是晚婚。也許是為了某種原因而遲婚，或在大家庭中幫助一切大小家事。

兩人之間有八歲的年紀差距，且女方的年紀比莎士比亞大，莎士比亞還是選擇了她結婚。翌年的五月，安生下長女蘇姍，再過二年之後，生下哈姆雷特及茱蒂這對男女雙胞胎。此時莎士比亞才二十歲，是個年輕的父親。

莎士比亞帶著家人住在亨利史特里德父親的家裏。也許是因為想和父親一起努力經營店裏的生意的緣故。莎士比亞由於加入了新的家人，父親的房子一下子熱鬧了起來。

除了莎士比亞的父母之外，其他還有吉伯特、約翰、理查、艾德蒙等兄弟，再加上莎士比亞、安及他們的三個孩子，全部都住在史特拉德夫的家裏。妹妹安則稍早結束了七年的短暫生命，但大家似乎都忘掉了悲傷，仍過得非常快樂。

不過，這個大家族結果增加了莎士比亞在經濟上的負擔。莎士比亞雖然很年輕，卻是一家之主，他明瞭這個家庭如果再這樣下去，會愈來愈窮困。無論如何作出大膽的解決方策，對雙方的家族來說都有絕對的必要。

身為雙胞胎的父親，一五八五年的二月之後，莎士比亞從史特拉德夫邁向新的世界，他的目的地便是倫敦。

捲入新時代的浪潮中

莎士比亞終於到倫敦，從事新的嘗試，那是個充滿知識及活力的地方。他的背後是寧靜的史特拉德夫的城鎮，眼前則是大約需步行五天的大都會倫敦。顯然這是以習慣為中心的古老社會，向著無論任何事情都需靠著個人的靈巧及主意左右成功，具有挑戰性的新社會的路途。

青年莎士比亞可以說古老社會進入了新社會，這點對莎士比亞來說，實際上不僅是獨立自主的開始，同時也意味著獲得龐大的文藝、社會等方面的知識。而他在倫敦所得知的知識，在在足以堪稱文藝復興期中精粹的文藝作品群。

莎士比亞從少年時代便已經是個和書本無緣的孩子，因為當時他身邊所能取得的文藝作品實在很少。除了倫敦的印刷出版業之外，只有牛津及劍橋等大學城，擁有印刷部數極少的書籍。史特拉德夫距離倫敦大約有一百五十公里，和牛津的距離更近，但是，以當時的出版狀況來說，不像今天這樣能輕易地取得書籍。在倫敦和地方的鄉村之間來回作生意的徒步商人，或是販賣小物品的商人，所謂到處走動、唱著俗謠之類的商人，可以說對史特拉德夫帶來了最俗氣的文藝，這才是實情。

和這相比，倫敦文壇的情形如何呢？散文已經確立成為一種獨自的文體，「里里」已經成為宮廷的中心，詩則有在英國文學史上著名的西提尼及史賓塞，作品都非常受大家的喜愛。其他各種各樣的文藝作品，進入市民的生活之中。倫敦的市民只要想看的時候，立刻便能找到適合自己的出版物。這種文學上的活力，

根據荷蘭人克萊斯・傑・維塞奇的雕刻

對莎士比亞形成了一股莫大的刺激。

以戲劇的狀況而言，故鄉的村莊就和倫敦大不相同。如果說史特拉德夫在戲劇史上仍停滯於中世紀，則倫敦可以說已經進入近代。有時來自倫敦的巡迴歌舞團也會停留在史特拉德夫，在旅館等待上演，但村裏的人平常比較熟悉的戲劇，大都是中世紀的奇蹟劇及道德劇。舞台只不過用很簡陋的布幕掛起的小屋而已。故事的情節通常安排得極其簡單，讓樸實的村人每個人都能聽得懂。奇蹟劇則都是有關基督教的傳說，道德劇則是日常性帶有教育意義的故事。場面是「天國」或「地獄」，登場人物是「惡德」及「善行」。也就是戲劇的各種要素本身，都含有寓意，是質樸的戲劇。

1616年的倫敦（箭頭⇨地球劇院）

英格蘭王國的任何一個村莊，大多數的演員，都是由職業工會的負責人所負擔，然後不時上演，這些演員都屬於業餘演員。

莎士比亞仍留在史特拉德夫的期間，來自倫敦的巡迴歌舞團曾來訪過數次。除此之外，村人能享受戲劇的樂趣，僅止於古老形式的戲劇上演的時候而已。莎士比亞當然也不例外。因此，都會的劇團在村裏公演時，風評極佳。

一五八七年拜訪史特拉德夫的女王劇團公演時，因為觀眾來得太多，觀眾席的椅子被弄壞不少。大家都非常有興趣看戲，地方一個農村的人，可以說是對新的戲劇產生了強烈的興趣。當時，莎士比亞正準備踏入倫敦的戲劇界，戲劇因受到時代的關注所支持，不斷地發展下去。

英國文藝復興的戲劇，對英國文學來說，以及對世界戲劇來說，都留下了值得紀念的作品群，莎士比亞正是準備投身於此一時代中。

倫敦的劇場

至於莎士比亞抵達倫敦的時間，似乎是一五八五年左右，當時倫敦的劇場中像樣的劇院，只有西達劇院及卡迪劇院。而當時倫敦的人口大約有二十萬人，如果單純地計算的話，十萬人輪流，享受著一個劇場的演出節目，這不能算是非常豐富的戲劇供給情況。

在英國，今日所認定的大劇場發展過程，並非很久遠的事情。那麼，在此之前究竟在什麼地方演出呢？那是旅館兼酒館的中庭，宮庭及學院的大廳，以及像來到史特拉德夫的劇團那樣，在旅館演出。

在旅館的中庭表演時，觀眾自然不用說，都是喝著酒心情愉快的。他們圍繞在中庭所搭建的簡單舞台四周，在露天的情形佔著席位，藉著酒精所生的勇氣，一片喧囂，觀眾席和舞台渾然成為一體，不知不覺中成了戲中演員。觀眾感到快樂，店主也有利可圖。也就是說，戲劇是酒席的餘興節目，戲劇的演出多半是為了某項場合的餘興節目，這點在宮廷及法學院上演的戲劇也不例外。

像這種所謂物質性存在的戲劇，也有劇團致力於使它成為一種事業，那便是西達劇院及卡迪劇院。

最先興建的是西達劇院，它是能容納相當人數的正式劇場。建築於一五七六年，莎士比亞十二歲的那年。少年的他，還留在距離戲劇很遙遠的世界裏，但英國的戲劇在這一年，以初次近代形式的上演機構，獲得了一個藝術地位。

興建西達劇院的人，名叫詹姆斯•赫茲。他自己本身也是演員，並敏感地察知戲劇熱方興未艾的時代趨勢，從事於新型態的劇場的建設。他的決定，是以使英國戲劇迅速發展為動機。因此，建設一開始並不是毫無困難、順利進展著。反而有許多困難，在敘述這些過程之前，我們應該來看一看當時的倫敦是怎麼的一個城市。

一言以蔽之，倫敦是個純市民的商業城市。二十萬的人口，和當時其他最多只有二、三萬人口的城市相比，可說是個巨大的都市。它是商業及金融的中樞，有被古老城堡所圍繞的地域集中於此，這便是市內。

在倫敦的中心點，有許多生活悠閒、擁有庭院的家庭，另一方面，由於人口稠密且集中，街道因而相交叉著，屋頂和屋頂緊鄰的房子處處可見。隨著城市的興盛，人口持續增加著，除了市壁之外，新興地域擴展至四方。倫敦的市區不斷地成長，市民累積了財富及能力，獨立地確立了在王國內強有力的地位。

市政由市民代表所組成的倫敦市議會主持，市民的絕大多數是商人，因此很自然地，經濟方面就傾向於支持個人主義的新教。尤其莎士比亞那個時代的倫敦市議會更傾向於清教主義。

清教徒是對戲劇抱持批判性想法的教徒。清教主義認為戲劇會使人墮落。這種想法不可能和讓演劇發展下去的潮流相容。教義自另當別論，以實際的情形來看，在酒館之類的戲劇小屋，的確聚集了一些醉客及遊手好閒的人。鄰近地方的風紀都大為紊亂，客滿的觀眾也有流行疫病的危險。因此，倫敦市議會對在市壁的內側建設專門劇場的計劃，一直抱持強烈反對的態度。

大約由於以上的原因，帶來了建設西達劇院的阻礙。建設觀眾容易聚集的西達作為最初的劇場，在營運上當然是最好的，但西達劇院卻蓋在市壁北側稱為西德伊基地區。清教主義和戲劇界之間的對立，之後一直長久持續著。莎士比亞早晚會被捲入這場對立的糾紛中。

雖然倫敦市議會持反對態度，但戲劇產業卻逐漸進展，西達劇院獲得空前的成功，為了加入這種好景氣，翌年附近立刻開了一家卡迪劇院。

莎士比亞生活的期間，倫敦又陸續產生了玫瑰劇院、天鵝劇院、地球劇院、財富劇院及希望劇院。這些劇院被稱為「公共劇場」，而其他稱為「私人劇場」的劇院也接二連三地開幕。

劇場的增加，對良質劇目的需要也相對提高。對劇作家來說，正是最能發揮天份的環境，這是莎士比亞來到倫敦當時的狀況。

「失去的歲月」

在倫敦展開新生活最初的數年間，莎士比亞究竟在什麼地方做什麼事情，完全沒有留下記錄。從和安結婚到倫敦的這段期間，被稱為「失去的歲月」，是記錄上的空白期。他究竟在什麼地方做什麼事情呢？首先有可能的是，莎士比亞靠著某種關係加入某個劇團，也就是說，他的目標是當個演員。

莎士比亞擔任演員的來龍去脈，曾留下一項傳說。根據這項傳說，他最初是在劇場的入口，為騎馬的客人照顧馬匹。天生就很聰明又能發揮照顧馬匹的才能的他，召集了幾個同業的少年，組織成一個團體，成為照顧馬匹的馬僮集團，在所有馬僮中，莎士比亞尤其特別引人注目，引起某個劇團的注意。

結果，莎士比亞加入演員的行列。後來，莎士比亞累積了巨額的財富。這項傳說，配合他在實業方面的才能而塑造出來的可能性極高。

但是，不管過程如何，莎士比亞好像成了演員兼劇作家，或者被某劇團雇用為一員。一五九二年其他的作家提及他時，都說他是「演員兼劇作家」。

戲劇逐漸變成受人矚目的職業，隨著專門劇場的建設，職業劇團經常在其中演出。如果演出受歡迎，名演員自然就引人注目。也就是說，又有一位明星演員誕生了。於是，演員的身價抬高，這和認為演員是流浪漢般的人的社會。可以說是一種劃時代的改變。

當然，演員在前一個時代就已經存在，只是尚未被公認為一種職業。在此之前，演員被認定是提供暫時性慰藉的低賤者，不過，現在則受到愛好戲劇的貴族庇護著，被貴族所雇用，在社會結構中也有了立足的地位。既然成為貴族所雇用的演員，可以說是劇團獨自的活動。

大致來說，約有七、八人便能安排一切的戲劇演出，成為一個集團。這樣的劇團，當時的倫敦有好幾個，莎士比亞大概屬於其中某個劇團。

在莎士比亞開始倫敦的生活時，泰晤士河的南岸出現了新的玫瑰劇院。被稱為當代最佳演員的愛德華·安利站在華麗的舞台上，作品是新進精銳的劇作家庫里斯多夫·馬洛所作的《達巴雷恩國王》。這次的公演，非常受到歡迎。莎士比亞大概也觀賞了這次的公演，他當時一心想成為像安利一樣的演員，或是成為像馬洛一樣的劇作家，在這兩者之中，結果他完成了後者的夢想。

當時的劇團決定進劇場之後，便需一天演出一個劇目，一星期就必須上演五至六個劇本。在同一劇團的幾位劇作家，輪流上演各自的作品，有時也將作品加入表演節目中。此時，在劇團中有文才的演員，也會將多餘的台詞加以刪減加上新的詞句。因為是小集團，演員很快就成了劇作家。莎士比亞所加入的世界，應該也是如此的環境。莎士比亞在其中創作自己本身的作品，是極其自然的事。

一五九二年，「失去的歲月」告一段落。戲劇界的前輩、大學出身的劇作家羅勃·克萊恩，在這一年逝世於病床上。他曾在劍橋大學接受一流的教育，卻過著波西米西式的一生，面臨了極其貧困瀕死邊緣之際，他回顧了自己曾經活躍過的戲劇界，寫下以下的一段文章。

「不要信任演員們，其中有來自低層的烏鴉，借用我的翅膀模倣，將老虎之心隱藏於演員的服裝內，像你們當中最會說話的一樣，能說富麗堂皇的台詞，有這樣自鳴得意的人存在……。而認為自己是國內唯一最會創作戲劇的高手。」

命名為《克萊恩廉價的智慧》的這篇文章，其中一節是對同行而大學出身的文學家所寫的。但克萊恩謾罵的對象正是莎士比亞。他是從低層出身，既沒有學問也沒有家世，卻集大眾的喜愛於一身，克萊恩臨終時仍痛苦地想著這件事。「將老虎之心隱藏於演員的服裝內」這句話，是揶揄莎士比亞的《亨利六世》中的一段。「創作戲劇的高手」，也是影射莎士比亞的一句責罵之詞。

終於，劇作家莎士比亞在倫敦戲劇界登場了。

第二章　劇作家之路

熱忱及挑戰的習作期

無韻詩的習作

「來自低層的烏鴉」被克萊恩稱呼莎士比亞時，後者已經發表了九部作品。自己在文壇有權有勢的克萊恩，對於年輕的莎士比亞，不可能寫出那麼充滿挖苦意味的文章。至少，二年後的一五九四年左右，莎士比亞已經創作了二篇詩，並且從事於一系列共一百五十四篇《十四行詩集》的創作。

此時期他所創作作品群，有《亨利六世》三部、《威羅那的兩紳士》、《錯誤的奇蹟》、《馴悍記》、《理查三世》、《達伊塔斯・安東羅尼卡斯》、《愛情的折損》，以及抒情長詩《維納斯與安東尼》、《魯克利司的凌辱》等等。莎士比亞三十歲時，大約花了十年的時間，以一名新進劇作家，博得相當高的名聲。

觀眾瘋狂地接受年輕的莎士比亞的作品，理由之一是，他的作品看起來令人感到心中非常舒暢。

他的詩作結構良好是當然的，但即使是戲劇作品，莎士比亞也能下工夫研究有節奏的語言，時而有力地，時而美麗地，他特別著重於語言的音律良好與否，一面創作戲劇作品，另一方面莎士比亞本人也是一位詩人。

像音樂般，接二連三令人很喜歡聽的台詞，如何才能寫出呢？為了達到這個目的，他所應用的便是稱為無韻詩的韻文形式。強弱五步格，每行末不押韻，相繼讓台詞出現的無韻詩，令人感到舒服，對英語系國家的國民來說，音調聽起來很和諧優美。

在玫瑰劇院，安利娓娓敘述了《達巴雷恩國王》成功的理由，其中之一便是這種無韻詩魅力。因此，莎士比亞首先便想學習此技法。

有節奏的語言，很容易產生戲劇性的結果。假定有一個年輕漂亮的少女，她愛上了某個少年，知道他的名字是羅密歐。他正是她家仇敵的獨生子。如果以平常的散文來表現的話，就會變成這樣的狀況：「我愛上了敵方的羅密歐，該怎麼辦呢？」如此一來，一點都沒有戲劇效果。如果寫成：「啊羅密歐，你為何是羅密歐？」這樣才能呈現戲劇的魅力。

這種讀來心情溫馨舒適的詞句，正是莎士比亞作品的特色。

說話一方的心情，喜怒哀樂高昂的場面，伴有緊張感的場面等，卻使用了無韻詩。所謂的讓觀眾聽得入迷，並且在適當的地方加入散文。因無韻詩高昂起來的氣氛，以散文來緩和，讓觀眾安下心來。從韻文和散文的對比產生新的戲劇效果。對文章的技法上的挑戰，是習作期的莎士比亞的一大特徵。

但並不是只憑藉初期所學的技法，就貫徹於莎士比亞的一生。後來寫《李爾王》時，他用短短的一句話讓主角說：「拜託你，替我揭去鈕釦好嗎？」這句話僅僅用了幾個單字，但至少可以汲取三種意義。

第一種是實際上將衣服的鈕釦揭去的意義。也就是將象徵現世虛榮的衣服脫掉之意。第二種是想要擺脫此世苦惱的意義。第三種是急欲一死的主角，悲痛的希望都包括在內的意義。依照登場人物的性格及狀況，寫出柔軟、活生生語言的技巧，但在長年的創作人生中學會了。

優秀的詩是什麼樣的詩呢？簡潔的言詞含有幾種意味便是。從語言擴大各種意象，讓讀者能接受，這也的確一點不錯。但卻沒有妨礙讓觀眾解釋的自由。具有這樣的條件，就可以說是非常優秀的詩了。

莎士比亞便寫了不少這樣的作品。他的戲劇作品在這方面上，既是戲劇同時也是詩，也就是詩劇。換句話說，莎士比亞也是一位詩人。他被稱為詩聖，也是因為他的作品有無盡的深度。

《亨利六世》

他初次創作的作品可能是《亨利六世》。作為作品題目的國王，是實際存在的人物，十五世紀中葉擔任將近四十年英格蘭的國王，是距莎士比亞約一百年以前的人物。

此人的治世可謂英國歷史中的動亂期，不僅國內紛爭不斷，和鄰國法蘭西王國的戰爭也是很多的時代。而此時期，法國出現了聖女貞德。

莎士比亞從第一部到第三部作品，都以此時期為題材。莎士比亞將亨利六世即位到被暗殺的時代為其背景，創作了歷史劇。有些部份似乎有其他的劇作家的文字，但大部份是莎士比亞所作。創作的時間是一五九〇年前後。一五九二年的三月，玫瑰劇院上演了同名的戲劇，好像便是他的作品。

莎士比亞在此時期從事歷史劇有其理由。當時，英格蘭只不過是歐洲大陸之外一個小國而已。歷代的國王對於國內問題抱著種種想法，儘量設法和大陸各列強保持均衡，從事於政治上的掌舵工作。伊麗莎白女王的治世期間，政情逐漸穩定下來，但是，並不是治世的初期王國便繁榮起來。

英格蘭因為於一五八八年打敗了西班牙的無敵艦隊，打敗這個稱霸海上的強國艦隊，對國民來說是一件大事。當然，國民開始意氣風發，任何人都對國家的發展寄予厚望。趁著形勢，更出兵至法國。

莎士比亞執筆創作此作品時，軍隊被送至法國。國民的關心轉向戰爭、領土及王冠。莎士比亞之所以創作了《亨利六世》，是因為正好處於這樣的環境中。法國也有爭奪王冠及戰爭的內容，社會的趨勢和英國倒是一致的。

創作時，莎士比亞大約依照史實展開故事。

歷史上的亨利六世，在結束了和法國之間從十四世紀以來持續的百年戰爭之後，國內有關王冠的戰爭卻在他在位時開始。不到一歲便即位的國王，政界的勞苦一輩子都跟著他，不得不揹負。代替年幼而病弱的國王掌握國事的貴族，非常專橫，內政紊亂，政權抗爭由約克家和拉卡斯達家之間的紛爭發展成玫瑰戰爭。正如我國春秋戰國時代以下剋上一般，雖說是國王，卻僅是名義上的君主，亨利六世甚至陷入精神錯亂中。

各部作品的故事大致如下：

第一部是亨利六世即位到西恩曼・達爾克所率領的法軍，佔了優勢，以及國內貴族分裂的情形，描寫這段過程，國王和法國安喬公爵的女兒瑪格麗特訂婚為止作為結束。

第二部是由玫瑰戰爭開始，因為瑪格麗特沒有作為嫁粧的領土，國王的叔父克羅斯塔公爵十分憤怒。以此為契機，偏袒王妃瑪格麗特的貴族和克羅斯塔公爵形成對立。而國王的寵臣被薩夫索克公所暗殺，薩夫索克接著也遭到暗殺。另一方面，得到勢力的約克公爵公然窺伺著王位。皇軍被約克打敗。

接著是第三部，對白玫瑰軍的約克公爵及威利克伯爵偷襲，紅玫瑰軍的亨利六世提出和睦的要求。王妃憤怒地進軍，將逮捕的約克公爵處死。約克的兒子愛德華及理查予以反擊，獲得勝利。國王及王妃逃亡到國外。為了新國王愛德華四世，法國王妃的妹妹想要履行婚姻。威利克到了法國。但這期間愛德華自己任意結婚。憤怒的威利克改變了宗旨，救出被逮捕的亨利六世，之後讓他復位，再次引發了戰爭。結果，威利克被殺，亨利六世被送進倫敦塔。愛德華取得王位，而理查則暗殺了亨利六世。

故事是描繪一大王權抗爭的始末。那其中充滿被血腥所染刀、企圖、背叛。作者回顧這段史實，在華麗王權的背後能感覺出悲慘的人類實況。在戰爭當中，國王突然自己感覺實在是很空虛。

在這世界只有痛苦及悲傷而已，
啊，神一定是很幸福的吧，
如果自己能作個貧窮的牧羊人……

年輕的莎士比亞採用亨利六世的題材，並不能說沒有考慮到合乎當時的社會狀況。對當時的劇作家而言，獲得觀眾的好評，是一項非常重要的目標。不過，觀眾也多半以同情的眼光，站在悲劇性國王這一邊。

莎士比亞之所以受到克萊恩的攻擊，可以察覺得出，是因為此作品的成功遭受嫉妒。可以說這部作品是相當受歡迎的作品。出版克萊恩那篇攻擊文章的人是查特爾，此人在那年年末所出版其他書籍的序文中，附上向莎士比亞道歉的話。

《亨利六世》是從一五九二年的三月至六月這四個月間，大約每週在玫瑰劇院的劇目中一直保留著。翌年，在倫敦全體劇界體驗劇場關閉的恐慌之前，莎士比亞受人歡迎的作品一直都持續上演著。

劇作家的生活

莎士比亞開始成為一個成功的劇作家兼演員而活動。自從到倫敦以來的數年間，由於種種形勢給予他訓練的機會。大概是已經結束了作為徒弟的修業時代，他已獨立起來。他白天當演員站在舞台上，利用餘暇，則從事於創作，可以想像他過的生活情形便是如此。

莎士比亞對於時代的好惡能敏銳地感覺出來，這點是他一輩子一直保持的特徵。什麼樣的話題才是適切的，什麼樣的話題適合時宜？觀眾是否喜歡高雅的殘酷趣味？對這些他都要先觀察社會的狀況，然後才執筆。當時的戲劇情形，有其存在的原因。

倫敦接二連三修建了專門劇場，莎士比亞逝世的一六一六年已經高達十家。其中有像天鵝劇院那樣，能容納將近三千人的劇場。全部加起來，市民中十人就有一人能同時看戲，觀眾席位很多。

對劇場的經營者來說，不僅必須和其他同業者的對抗，上演出類拔萃而有趣的作品，也是經營上的重要事項。而能創作出有動員觀眾力量的作品，則是劇作家的重要條件。

同時，倫敦的戲劇界人士必須對抗採取清教主義的市政。戲劇的上演，普遍是由午後二點到三點開始。倫敦市民每一個都能自由地觀賞戲劇，但大多數都是工人及學徒。這些背負著堅實的勤勞而生活的人，在工作的空間前往劇院。其中也有趁老闆不在來劇院看戲的人。不過，看戲比工作更專心的生活，思想封閉保守的市議會不可能認為是理想的，於是便設法訂出反對戲劇演出的政策。

身為劇作家的莎士比亞也是一樣，對抗著市議會反戲劇的態度，必須寫出能吸引觀眾的作品才行。這確實是個實力主義的世界。並且是很忙碌的工作。每天劇院都上演不同的作品，再加上每二週需創作一部新作品。如此觀眾才可以陸續觀看各種類型的作品，但劇團必須準備這些作品。

另一個劇院因為戰爭故事而成功時，自己這邊的劇團就立刻推出更有趣的戰爭故事。在此期間，也必須開發新趣向的作品，經常小心翼翼地研究。如果趕不及演出的時間，可以將其他作家的作品加以刪改、加料。因此，一次寫好的作品並不能說是神聖不可侵犯的，任何人都可以自由地改變。當然，共同創作也是再理所當然不過了。

莎士比亞本身，經常也以其他作家的作品為根底寫作自己的作品。他廣泛地從古典到同時代的許多作家中，熱心地探求改作作品的可能性。他的作品可以說每一部都有其原作。改作的範圍，從希臘、羅馬的神話，到攻擊他的克萊恩都包括在內。

以當時的印刷物來說，除了變成書籍的型態之外，也有被稱為小冊子的。以記事的方式出版多種多樣的小冊子，他大概看過這些書籍，只要能成為創作的素材的東西，不管有沒有個人嗜好上的偏差，經常以探求的眼光去追尋。這也是莎士比亞的特徵之一。

不被狹隘的個人世界所拘泥，具有廣大的世界觀，從這裏投影到他的作品。我們可以從莎士比亞的作品中，感受到創作時的誠實與熱忱。

馬洛和吉特

莎士比亞創作《亨利六世》這初期悲劇的背後，受馬洛及吉特的影響至深。當時的倫敦戲劇界，正好流行悲劇。支持這股流行風潮的便是這兩人。當時，英國戲劇上悲劇的歷史尚淺。喜劇雖然作品都很樸素，具有中世紀以來的傳統，已經在民間紮下根基，但另一方面的悲劇領域，正式的、英國獨自創作的作品被上演，從一五六一年才開始有記錄。在此之前，只有塞內卡的悲劇被翻譯、引進。這是莎士比亞出生三年前的狀況。

馬洛和吉特，將在戲劇領域尚未發達、新生的悲劇，提升至高水準的文學作品，完成了這項偉大的任務。莎士比亞和這兩位前輩是否有直接而深入的交往，已無從得知。不過，在題材的選擇方式及文章的技法上，從他們兩人身上學習之處極多。尤其是無韻詩的技法，承襲兩位前輩的方式，莎士比亞使它更加發展。

馬洛著眼於無韻詩的戲劇效果，在創作中實踐。吉特再讓它有更進一步的發展。他的《西班牙的悲劇》一劇更柔和了，帶有自然的韻味，不僅獲得觀眾的好評，劇本相繼被修訂出版，許多人都閱讀了他的作品。

馬洛的無韻詩，已經非常純熟。《西班牙的悲劇》一劇中，吉特魅惑了觀眾的耳目，另一方面，馬洛的《馬爾他島的猶太人》、《弗斯塔博士的悲劇》、《愛德華二世》相繼演出，成為成功的悲劇。受到其他劇作家的同聲讚美，譽為「馬洛強有力的文章」，如此優美的無韻詩悲劇。

兩位劇作家的這些悲劇作品，都是流傳至今的傑作。馬洛和莎士比亞同齡，他曾就讀於劍橋大學，以豐富的才能極早便在戲劇界脫穎而出。然而遺憾的是他以二十九歲之齡英年早逝。因為在酒吧和人發生爭執而被刺殺，也有傳聞說他秘密從事間諜活動，可以說是充滿謎及多采多姿的一生。吉特也在翌年逝世，因為作品有叛逆性的理由而被逮捕，被釋放後，無法再度恢復以前的光榮。

悲劇作家離開了這個世界，但觀眾在數年間瞭解了悲劇的樂趣。

對悲劇的挑戰

莎士比亞最初創作的悲劇是《達伊塔斯・安東羅尼卡斯》。他在這部作品中儘情描寫了殘酷的復仇悲劇。

主角是古代羅馬的英雄達伊塔斯・安東羅尼卡斯，他的一生都為了祖國的和平而過著戰鬥的生活。他的兒子幾乎都在戰場上喪命。故事是從達伊塔斯將敵國科德的女王妲莫拉，以及她的三個兒子作為人質回國時開始。

這部悲劇作品，是描寫一位賭注自己的生命，為祖國竭盡忠誠的軍人，被背叛、被污衊的故事。主角達伊塔斯是無法融通的固執人物，可說是一介武夫，因此，他不傾聽敵方女王的求情，被憎恨所陷害。

達伊塔斯首先遭受祖國皇帝的冷落待遇，他賭注生命參加戰爭之後逮捕了敵方的女王一家，得意忘形地偏袒皇帝。獨生女被敵國的王子所羞辱，為了讓犯人的名字隱藏起來，舌頭及手臂都被斬斷。達伊塔斯的兒子也被殺死，並且被騙手臂先斬斷的話就可以救兒子一命，這位被騙的主角，親手斬斷自己的手臂。

作者一點都未緩和筆調，一口氣將主角丟到悲劇的深淵，讓淒慘的事件接二連三登場，展開故事佈局，也讓主角無論如何都要完成復仇，將絕望的狀況呈現出來，觀眾都能明白地體會。

接著由主角展開的復仇劇，更增加其激烈性。達伊塔斯可以說幾乎接受了悲痛的體驗，但他的復仇是以牙還牙式的殘酷氣氛，使作品增添淒涼的意味。他殺死了羞辱女王的科德的兩個兒子，用他們的肉烤成派，招待他們的母親也就是敵國女王吃這個派。復仇結束之後，刺傷女兒，也親自結束了自己的生命。

在近代法律秩序非常完善的社會，這是絕不容許的行為，也抓住了當時觀眾的心理。吉特的流血殘酷悲劇《西班牙的悲劇》流行之際，莎士比亞因此也向吉特挑戰，寫了更殘酷的悲劇。然而，罪人被分屍為四塊、八塊的刑罰，在行人來往較多的倫敦橋被處刑的人頭並排著，在這樣的時代中，這部作品可以說完全合乎時代的風潮。

當時有一項有關《達伊塔斯•安東羅尼卡斯》流行的傳言，在玫瑰劇院，艾塞克斯伯爵劇團上演了節目，另外，貝布爾克伯爵劇團也加入演出戲劇。

此時的作品，也許是莎士比亞的作品也說不定。莎士比亞由於此部作品大大獲得大眾的歡迎。

觀眾的興趣轉向悲慘的故事情節，但莎士比亞在其中描寫了一個重要的登場人物：以科德女王的愛人身份出現的母亞人安洛。他是一生都以做壞事為生活意義的人物，被描寫成無惡不作的壞蛋。

莎士比亞為了加深主角的悲劇性，搭配安洛這個配角加以發揮，雖是壞人，他也被塑造成具有依照自己意志而行動的魅力，在被逼入悲劇的狀況中，沉浸在殘酷的復仇行動的人們，安洛更發揮具有智慧的壞蛋角色的魅力。劣行曝光，受到活埋之際，他最後仍堅持壞人的身份。

莎士比亞在這部作品之後，發展了天生的壞人角色，描寫一些生動的登場人物。他不久就以《理查三世》實現了這個目標。《奧塞羅》的伊亞可及《李爾王》的艾德蒙，也都是傑出的壞人角色。

喜劇的創作

莎士比亞也插手到喜劇的領域。各種類型的戲劇，都成為他年輕的創作慾望的對象，其成果之一便是《錯誤百出》。

《錯誤百出》全部約有一千七百餘行，是以無韻詩創作的韻文，適度加上散文的小型作品。以作品的規模來說，是全部作品中最小的。然而這部作品，已經具備了莎士比亞喜劇的幾點特徵，是令人非常感興趣的作品。

這部作品的情節，摻雜了前人的作品。從中世紀的羅曼史及羅馬喜劇，以及前輩作家的作品中，組合了故事的來龍去脈，構築作者獨特的作品世界。

故事是描寫一個長久流浪之後的衰弱老人，在被逮捕時無依無靠，以悲劇性的故事開始。這部份悲劇，成為作品其他部份喜劇的引導角色，故事一下子被引導到很溫暖的喜劇世界。

西拉基茲的老商人尹喬，不顧自己生命的危險，為了尋找行蹤不明的兒子，前往艾夫沙司。而他的兒子為了尋找離家的母親及哥哥，毫無目的地旅行著，還沒有回來。在敵地被逮捕的尹喬，只被寬延一天再處刑，讓他有找為他支付贖金者的時間。

他在一個朋友都沒有的街上徘徊的期間，展開了看錯人的喜劇。他的兒子是兩個一模一樣的雙胞胎，現在兩人都在艾夫沙司，於是引起了一連串的混亂。從看錯人所發生的混亂，為了強調那種滑稽情形，莎士比亞便將原典中只有一對的雙胞胎，改為兩對，讓尹喬的哥哥成為兒子的僕人，在作品中出現。

兩對主僕的雙胞胎，周圍有各種各樣的人物，但這些人都沒有裝模作樣，像市井的善良老百姓，讓作品增加了不少活潑氣氛。雙胞胎的主角中，四個都是同年齡，因為是年輕人，莎士比亞為他們匹配年輕的女孩，其中，尤其是雙胞胎兒子的哥哥，安排了一個美麗但性格強烈的妻子。加上她貞淑的妹妹，而這兩對男女互換的錯誤、可笑，可說是這部作品富於羅曼蒂克、滑稽的要素。

各場面都加入俏皮話及雙關語，成為作品的特徵。輕鬆地開玩笑，有為的優秀青年及有趣的僕人相繼出來說話，他們互相打架、跑動，由於動作的年輕，舞台上的世界極其熱鬧地展開。

故事中的事件，在吸引觀眾心理的前提下，迅速進入喜劇性的高潮，在事態已經糾纏得不可收拾的節骨眼，預備了令人意想不到的效果。

全體作品的結構是採取老尹喬尋找兒子的形式，它的細節，隱藏了認同的問題。和自己完全不同的人存在著設定自體。

然而這個故事並沒有要求觀眾作困難的考察。作者的意圖，並非在於探索人類存在哲學。他在作品中所描寫的是老尹喬、他的兒子及其他的登場人物，克服重重的困難，終於能和所尋找的家人重逢。

義大利的影響

文藝復興期的英國，向義大利學習了不少東西。義大利擁有從長遠的羅馬時代傳下來的文化傳統。人們的眼光向著義大利，從文藝復興燦爛奪目的義大利，汲取更多的文藝氣息。英國雖在國家機構方面，領先其他歐洲諸國，成為近代國家，但在文化方面，並未最早進步，對於位於歐洲角落的英格蘭王國來說，義大利的一切，便代表了最先端的潮流。

文學當然也不例外。莎士比亞致力於初期的創作時，在英格蘭的文壇上，正吹著一股十四行詩的流行風。所謂十四行詩，是指依照一定的規則，每行末都押韻的十四行詩句。在義大利，但丁及佩脫拉克都十四行詩的形式從事創作，威亞特及沙里伯爵將它輸入。一進入英國，立刻推廣至文壇。

開始時依照義大利式的規則，必須押韻，但逐漸加以研究，最後依照伊克拉德獨自的法則發展下去。本來拘束很多、困難的詩型，由於經過充滿創意的詩人之手，成為自己的東西而重新誕生。這可說是非常具有知識吸收力的時代。莎士比亞本身也留下了長篇的《十四行詩集》，他的《十四行詩集》，在英國文學史上是值得紀念的作品。

在戲劇方面，同樣熱烈地吸收了各種知識。有人翻譯了塞內卡的悲劇，也有人想學習羅馬喜劇作家。

以莎士比亞所使用的無韻詩來看，當時文學趨勢，的確充滿了學習義大利的氣氛，否則實在無法產生這種詩型。無韻詩本身是沙里伯爵所想出來的形式，但他的目的，是想翻譯羅馬詩人溫爾基利威的作品。

和具有玄學意味的學者詩人尚有一段距離的莎士比亞，沒有積極地從事古典作品的翻譯。但是，英國文藝復興的文壇，如果沒有旺盛的知識慾及創作慾，他的作品就不會產生，這是任何人都不否認的。總之，無論是直接的或間接的，莎士比亞都受到義大利的影響。

從義大利傳入的事物之中，不僅是文學的技法，也有思想。其中之一便是馬基維利主義（為達目的不擇手段的主義）。莎士比亞將這個新思想，採用於作品中。

對於看慣了以中世紀的倫理觀為架構的道德劇的人來說，這可以說是深具衝擊性的不良思想。這種思想，為了能有效運用於權力的獲得，主張即使採用反倫理的手段也是不得已的。「惡德」竟擊敗了「善行」，這對看戲的觀眾來說，無疑是天地顛倒，實在是不成體統危險思想。

然而，惡德也具有某種魅力，結果大大地被接受、考察。

對莎士比亞來說，這種思想有引起人們興趣的地方，也不難想像得到。為達目的不擇手段的馬基維利主義，和將自己的存在目的置於惡行的實行的人，有一脈相通之處。

從惡行中發現喜悅，具有強烈個性的人物像，由此產生是有可能的。

在《達伊塔斯（安東羅尼卡斯）》中所描寫的安洛，下決心說：「我要做壞蛋，憎恨這個世界無聊的喜悅。」莎士比亞創造了這樣一個人物。《理查三世》便是他的作品。

《理查三世》的創作

《理查三世》是描寫約克家的三男理查，使用權謀術數，將對他的晉陞有阻礙的家人親戚全部殺害，終於得到王位，最後被拉卡司達家的亨利（以後的亨利七世）所擊敗，親自結束生命的始末。

從約克家及拉卡司達家的登場可以知道，以時代來說，是玫瑰戰爭結束到都鐸王朝屠殺開始為止，處理此一時期的歷史。《理查三世》本身便是描寫有關王權的約克家內部的紛爭，但前作歷史劇《亨利六世》在歷史時間互相接續，內容上連成四部作品。

莎士比亞所生活的伊麗莎白時代，乃是都鐸王朝的末期，創造王朝的亨利七世，是女王的祖父。莎士比亞著眼於統治成就輝煌，以女王的血統就任王位的時代，將實踐的國王理查三世，塑造成具有個性的主角。

莎士比亞在這部作品中，描繪了再度受挫折的國王。《亨利六世》中的亨利王被理查所暗殺，而理查最後敗給亨利七世而死。兩人都被奪去了王冠，無法壽終正寢而離開了人世。不過，亨利六世是受歷史影響的國王，《理查三世》則是自由向歷史挑戰的一位主角，個性較為積極，這便是作品的魅力所在。

作為主角的理查三世，是馬基維利型的大惡人，當時的人一般都有此印象。他在國王的歷代記中一一被提及，他惡毒的情形、粗暴的樣子，令人不寒而慄，而且體形扭曲、面相醜陋。但他又裝作一副謙虛的模樣，實際上卻是個傲慢的人物。為了政略，對想要殺害的對象也能以親密的態度，毫不在乎地接吻。歷史書籍所描寫的理查三世，大約都是這個樣子。

人們因此能瞭解，他為了自己的目的不惜利用他人，如果對自己的前途有所阻礙，便無論敵我之分一律加以殺害，是個十足的偽善者。

莎士比亞所描繪的主角，也並不是都脫離一般人所瞭解的人物。他幾乎將所有的歷史書籍作為參考，塑造主角的人物像。理查三世有心狠手辣的時候，但他具有依照自己意志帶動他人的精力。為了目的不擇手段地往前衝，如果以另一個角度來看，他堪稱是具有意志力的英雄。

利用頭腦及軟性的應對能力，欺瞞人們的眼目，使結局或環境被牽引到自己所想要的場面，依照自己的估算而發展。他可以說是相當能引起劇作家興趣的一位人物。

作者將主角不擇手段的野心加以誇張化，因此，事件並不完全依照歷史的事實，而是短期間地排列，再加上戲劇性的插曲。第一幕第二場便是一例。

在這個場面中，主角向自己所殺害的亨利六世的兒媳安求婚。場所是前往教會的亨利王的遺體旁邊。安不僅自己的公公被主角所殺害，連丈夫也遭到相同的命運，使她成為未亡人。

殺人者向被害者求婚的設定狀況中，主人以強迫的方式說服了內心充滿憎恨的安，亨利六世的遺體是一種象徵，配合著坐在王座上的人生命的殞落，在作品中，成為最出色的場面。

在史特拉夫德的皇家莎士比亞劇場，一九八四曾將這部作品加入夏季的演出劇目裏。主角穿著黑色的服裝，以手杖支撐著彎曲、扭曲的身體，反過來，也利用手杖在舞台上四處走動，一副不可一世的模樣，是令人聯想到「毒蜘蛛」的演出。

莎士比亞的作品以任何的方式演出都有可能，解釋也是自由的。但《理查三世》的演出情形，以主角的身體特徵受到注目居多。那是什麼緣故呢？作品的開頭，主角如此告白：

我的五體之美都被奪去，
被撒謊的自然所欺騙，
醜陋而扭曲，尚未完成未成熟之下，
不像樣的，被排拒於這個活潑的世界之外。
於是拖著腳走的樣子走過去的話，
連狗都向我吠。

接著又說：

我已下定決心要做壞蛋，
憎恨這個世界無謂的喜悅。

和這種心情相關聯，對自己毫不客氣地去認識，反而變成主角行動的精力，這點可以說是理由之一。

但是，身體的缺陷和人的懦弱是一體兩面。由主角身上產生了陰謀、殺人及野心，雖說如此，觀眾仍對他寄予一絲同情。

就是因為他很懦弱的緣故，反而成了惡毒的主角，被敵人追逐，面臨生死交關之際，他喊叫著：「馬在哪裏！馬！給我馬的人我就把王國送給他！」閉幕時增添了悲哀的氣氛，使觀眾大為感動。

這部作品一上演就非常成功。演出主角的是李察·巴貝茲。他是唯一能和名演員安雷相抗衡的演員。莎士比亞和他是同事，有很深的關聯。

表演的國王

理查三世被描寫成演技派的人物。無論是偽善的行為，或偽惡的行為，他的生存本身便是演技。王冠對他來說，是玩弄策術所得到的東西。因此，他扮演種種面目，終於得到國王的寶座。因為使用的方法不太人道，他的演技變成和虛假同義，受到非難。

但是，戴假面具的人並不是只有他一個，在觀眾的現實生活中，不也是有很多需要偽裝的時候嗎。無論任何人，都會想成為更好的人，但為了裝飾自己而化粧，或者想要更溫柔而對人表現出親切的一面。不過，想要更好的態度，並不是個人當時真正的態度。演戲是任何人日常所做的普通事情，那麼，人類的真實面目是什麼呢?莎士比亞在作品裏發出這樣的大疑問。

從飛躍到安定

伊麗莎白的時代

當時的英格蘭王國，在英國史上完成了令人驚異的大發展，正如前面所說過的，這得力於伊麗莎白女王優異的政治力。他既聰明又有堅韌的忍耐力，非常瞭解人心的機微。

伊麗莎白一世（35歲時）

她是亨利八世的女兒，但從小就未受到家人的疼愛。她優秀的政治家父親，同時也是暴君型的絕對君主。以當時來說，可以說是最前衛的人文主義思想者。另一方面，他將不滿意的人相繼送上斷頭台。伊麗莎白的母親，也在她不滿三歲時，就被送上斷頭台斬首。而翌日，新的女人成為父親的妃子。以後，沒有像父母那樣可以照顧她的家人，伊麗莎白一直過著孤獨的生活。

不久之後，議會決定她和姊姊都遠離王位繼承權。似乎專為了讓她失望，父王的第三個妃子生下長子。亨利在此之前是非常疼愛伊麗莎白的，但時間並不長久。結果，繼承王位的順序是弟弟愛德華六世，姊姊瑪麗女王，然後才是伊麗莎白。

她的兩個姊弟是和她不同的母親所生，這也是少年時代的她，遭遇不幸的原因。她數度被她的親姊弟懷疑想要顛覆政權。尤其姊姊就任王位的時代，被認為有參與叛亂事件的嫌疑，被送進倫敦塔，拘留了二個月。

莎士比亞在《理查三世》中，主角向王子說：「滯留倫敦塔似乎比較好。」以溫柔的勸誘穿插在場面中。

在倫敦塔裏王子被秘密殺害。倫敦塔本來不僅是牢獄而已，具備了宮殿、城塞、牢獄、寶庫等部份，是兼具多種機能的場所。然而，只有這時候她的生命就宛如風中之燈一般，十分危急。

體驗這種命運的轉變，不僅是莎士比亞的作品才有，也是伊麗莎白時代文學作品的特徵。在會引起命運劇烈變化的時代，即使是和王位有關的人，也無法過得安穩，伊麗莎白本身便是一個例子。

她在二十五歲時意外地獲得王位，對危急的局面，以小心翼翼的觀察及慎重的語言行動來克服的她，雖然是個年輕的女孩，但已經歷無數的場面，是個很會討價還價的政治家。

她所接受的教育是由一流的教師所指導，是當代最好的教育。另外，也擅長語言，不論法語、義大利語或拉丁語，都能運用自如，希臘語也精通一點。也具有國民之中最高階層的知識。知識及經驗使她下決心，一輩子獨身。她以這些對廷臣作巧妙的人心操縱，對各外國都很寬大，卻堅持推展某些政策。

打開英文辭典，可以看見Your Majesty這個名詞，譯為「女王陛下」或「國王陛下」之意，是用於稱呼統治者的一句話。但Majesty是用於非常強大的存在才有的一個字眼。也就是說，本來是基督教徒對神的絕對力量，懷著敬畏之念，使用的人將它作為對亨利八世這位國王的稱呼，慢慢地才使用於宮廷中。

伊麗莎白女王有時也對臣下用此尊稱來稱呼自己。國王是絕對必須被敬畏的存在，這種想法可以從這句話聯想出來，她也非常瞭解。當然，對「女王陛下」

裝作恭順，而實際上對想反叛的人，毫不寬赦的斷頭台正等待著他。伊麗莎白也是一個馬基維利主義者，這點是許多研究者所認同的。

莎士比亞所生活的倫敦，在她的統治之下，無論是城市的規模、財富或市民獨自的兵力，都逐漸在增大。不僅是國內的其他地域，從海外來訪的人也很多，流入的人口愈來愈多，宛如形成王國之中的另一國家一般。而這個城市的活力，正是莎士比亞創作戲劇的能源。

另外，一項對莎士比亞來說很幸運的事情，那便是，女王為了制定勢力強大的倫敦市議會清教主義的對抗方策，伊麗莎白不顧女王的反對，對戲劇採取了保護獎勵的措施。

眾所周知，伊麗莎白女王也很愛好戲劇，獎勵戲劇是她的快樂之一，但如果她沒有政治觀念的話，莎士比亞的作品，也許就不會成為伊麗莎白女王時代豐富戲劇作品的一部份。

受人歡迎的作家

初期的作品都相繼獲得成功，因為是受人歡迎的劇本，任何一個劇院都想上演，由於被改編，也列入其他劇團的表演節目。初期的作品群中，《達伊塔斯・安東羅尼卡斯》及《亨利六世》便有這樣的情形，所有劇團幾乎都上演的作品。這些表演節目，也許都是莎士比亞的作品。由於某種原因，劇本有時也可能流傳至別的劇團，他的名字，似乎以優秀劇作家之名傳遍了戲劇界。作為劇作家，這也許可以說是非常好的開始。

當時，莎士比亞的作品曾被列為劇目而上演的，有艾塞克斯伯爵劇團、司特里茲伯爵劇團、貝布爾克伯爵等主要劇團。

在史特拉夫德的父親，依然未脫離財政上的窘境。不過，莎士比亞本身已經是一位成功的演員，並且是非常受人歡迎的青年劇作家，他已能靠自己的筆開拓未來。

襲擊戲劇界的瘟疫

一五九二年至九四年這二年間，對莎士比亞來說變成危機的轉捩點。瘟疫發生，劇場關閉。一五九二年的夏天所發生的瘟疫，最盛行的時期，一星期內甚至出現了一千人至二千人的死亡者。最初的一年半之間，粗略計算大概有二萬個市民因而喪命。也就是說，每十人中就有一人成為犧牲者。

倫敦人口過密、住宅密集的地區很多，而道路兩旁的水溝都被污泥所淤塞，通路的垃圾發出異臭，人們的生活環境極其不潔，傳染病立刻便能傳遍全市的程度。

劇場是人們聚集的地方，更有擴大感染的可能。倫敦市議會對戲劇界因而更加敵視。宮廷為了避開瘟疫，不斷輾轉遷移王宮。顯然地，女王也不得不同意封閉劇場。一進入一五九三年不久，樞密院終於佈告了封閉劇場的命令。由於這項命令，劇團不僅在倫敦市內，連周邊也不得從事上演活動。而且瘟疫並未顯示出衰退的跡象。

無論任何一個劇團，演員想要維持此時期的生活，只有靠一些收入極少的巡迴表演而已。可以想像得到的是，活躍於倫敦的劇團，紛紛消失於該地方。

這件事情是倫敦戲劇界受到毀滅性打擊的一次。離開倫敦的話，也許演員就不會受到瘟疫的侵害，但反過來說，他們被迫過著貧困的生活。雖不至於因疾病而殞命，但對任何一個劇團來說，都造成了極大的傷害。

那麼，莎士比亞在這段期間究竟在做什麼呢？也許他為了躲避瘟疫，暫時回故鄉史特拉夫德。瘟疫的大流行，將隨之而來的封閉劇場，對戲劇人的莎士比亞生活來說，是一項極大的打擊。

然而，他卻在陰暗的時期，磨練自己的作品而過日子。抒情詩的創作，便是他所從事的工作之一。剛流行的抒情詩，展開了以往所看不見的豐富愛情世界，受到人們的喜愛。莎士比亞遵循當時的慣例，將創作的作品奉獻給貴族，請他們擔任贊助者。尋求贊助者是生活上所必要的一面，無法全面地否定。他因為創作詩作，獲得新的社會地位的同時，往後的劇作也加入新的風格。

尋找贊助者

在社會上的名譽，經常有利於一個人的人生路程。以莎士比亞為例，他因寫詩獲得倫敦人的寵愛，對社會生活來說具有極大的意義。

從事於文學創作的人，被認為必須是個「詩人」的時代，因此，從這個意義來說，莎士比亞也是個詩人。儘管如此，劇作家畢竟是演員的夥伴，而演員一向是不知何時會變成流浪漢的一群人。即使以劇作而聞名，多半也是居住在卑微陋巷的小市民。於是，莎士比亞很想接近貴族，尋找贊助者。

尋找贊助者是當時的作家競相進行的事情，在對文藝有所瞭解的貴族面前，有許多寫作者呈獻了作品。詩的創作者，以寫有讚美貴族美貌及知識的詩句，呈獻給貴族。當時，因為取材於神話的神話詩非常流行，將諸神置於愛的世界的場面，將貴族比喻為主角。如果討得貴族的歡心，便可受到他們的庇護。莎士比亞也不例外。

他所創作的作品，抒情詩《維納斯與安東尼》（一五九三年出版）及《魯克里斯的凌辱》（一五九四年出版）便是莎士比亞呈獻給沙薩布特伯爵亨利・李茲里的。他是一位對作家、學者瞭解頗深的貴族公子，相當年輕。

兩部作品的開頭，莎士比亞都附上對伯爵的獻辭。附在《維納斯與安東尼》的話是，如果伯爵很喜歡的話，將更努力繼續創作，是非常謙虛而具有自信的一句話。

作品的內容，是描寫愛與美的女神維納斯和她的愛人安東尼的戀愛故事，也就是以神話為題材，將被女神所愛的安東尼的形象，重疊在伯爵的身上。

年輕的安東尼喜好狩獵野豬，愛他的維納斯想要留住他，但是，無法抓住他的心。出去狩獵的安東尼，因野豬而喪失了生命。聽見安東尼的獵犬聲感到不安的女神，知道愛人已死而悲嘆著，他所流出的血，開出了秋牡丹的花。

內容是由各節六行，全體共一千一百九十四行所構成，以技巧性的押韻詩形式來敘述。

沙薩布特伯爵正好是即將進入成年的青年。李茲里家擁有良好的家世，他的祖父是亨利八世時代宮廷的要人。另一方面，他的父親雖是個在政治上際遇不好的人，但兒子本身受到宮廷的重視，尤其是女王的喜愛，是位有燦爛未來的貴族公子。而且，伯爵擁有俊俏的容貌，十六歲便畢業於劍橋大學，獲得文學碩士的學位。

也許是因為《維納斯與安東尼》得到伯爵的歡心，作者在獻辭中所承諾的第二部作品，翌年便出版了，那便是《魯克里斯的凌辱》。全部有一千八百五十五行。一節七行形式是押韻的抒情長詩。

再度附上獻辭，作者對伯爵所懷的鍾愛之情，是難以形容的，奉獻給伯爵的作品，內容上只不過是作者所流露出的感情的一部份而已。

這兩篇抒情詩對莎士比亞來說，究竟具有何種意義呢?這可以大別為三項。首先，似乎受到伯爵的眷顧，和宮廷有了關聯。《魯克里斯的凌辱》出版的一五九四年的聖誕節，他和演員夥伴們受命在王宮前表演。

第二項所能考慮到意義，是成為詩人進入知識界。他的兩種作品都受到非常大的好評，接二連三地再版。《維納斯與安東尼》到一六四〇年為止至少再版了十五次，《魯克里斯的凌辱》則再版了七次。以當時來說，算是個異例，相當受人歡迎。這意味著比以往更受到廣泛的支持。當時一次的印刷冊數雖無法確知，但是，一五八六年的印刷冊數最高是一千二百五十冊。如果假定如此，兩部作品約有三萬冊。這些書都統統賣完，且如只考慮倫敦一地，則大約七個人中有一人家中的書架上擺有莎士比亞的詩作。

塞薩布特伯爵亨利・李茲雷

提到一六四〇年，莎士比亞已經離開了人世，但從他逝後不久，到一六二〇年為止，《維納斯與安東尼》已經重印了十二次，贏得極其多數的讀者，從這點就可以想像得到。而且讀者不侷限於倫敦市民。

不到劇院看戲的人之間，可以認定

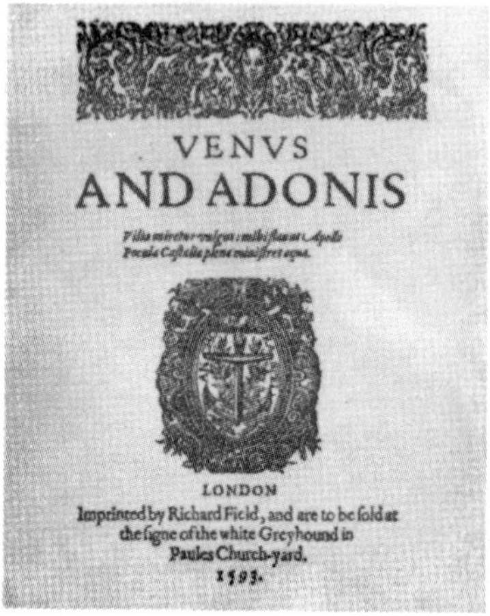

初次出版的
《維納斯與安東尼》

廣泛地流傳著莎士比亞的作品。

最後可以考慮的是，從此之後的作品，增添了抒情味。他從此時創作了《羅密歐與茱麗葉》、《仲夏夜之夢》等作品。

這些作品，都是瀰漫著美麗抒情的作品群。創作上新的突破正要開始。

《維納斯與安東尼》及《魯克里斯的凌辱》也都是以美麗的辭句完成。印刷商是同鄉的理查・弗爾德，在聞名的出版業者處累積了訓練的他，現在已經是倫敦首屈一指的印刷出品業者。在誤字、誤植極多的印刷狀況下，兩部作品的高度正確性正合作者的心意。莎士比亞也許曾到弗爾德位於市內黑衣僧侶區的店裏，親自仔細地校對及指示。

完成的兩部作品，成為學習羅馬詩人奧威特的抒情詩流行的開端。

豐富的文學世界

莎士比亞在即將三十歲的年輕時代為了抒情詩。作品充滿了新鮮的官能性場面。迷戀安東尼想盡辦法要和他接吻的維納斯。安東尼雖然瞭解女神的心意，但中途卻將嘴唇避開。在其中描寫了男女微妙而濃密的心靈交流。這是將人們心理的機微，周密地追究、描繪的作業。莎士比亞已經不是侷限於只描寫達伊塔斯的復仇，以及理查三世的策謀的詩人。

官能是充滿生命的衝動的強烈熱情，什麼時候會襲擊過來無從得知，對懼怕死亡的人來說，也許正是更有魅力的心靈穩定力量。兩篇抒情詩都一再再版的事實，正代表了當時人們的嗜好。

莎士比亞創作抒情詩時，也不乏長年努力於創作敘事詩的詩人。史賓塞便是其中的一位。

他此時所寫的《精靈女王》是相當於英國文學史上的金字塔的一篇敘事詩。身為宮廷人的他，在想要讚美女王的意圖下創作，比喻亞塞王故事的十二騎士，將神聖、貞淑、友情等十二項德目，以寓言的方式加以描寫的作品。

《精靈女王》在文學上的特徵，以作者的態度來說，正是和莎士比亞處於對立的位置。史賓塞是浪漫主義者，莎士比亞則是現實主義者。史賓塞是描繪人們應有的面貌，莎士比亞將人的面貌著實地描繪出來。莎士比亞描繪人存在的各個階層，史賓塞則是宮廷人。

另一方面，莎士比亞是出身於道路狹窄、髒亂房屋並排的街市的人，史賓塞則以理想主義的特徵為人們所接受。莎士比亞的抒情詩，是能引起人們活生生感覺及共鳴的作品，受到熱烈的歡迎。

這是理想主義及現實主義兩種對立的東西同時得以包容，具有很高包容力的時代，因為這個緣故，兩人的作品才能同時被接受、歡迎。

宮內大臣劇團

進入一五九四年，史賓塞終於逐漸沒落，劇院也有重新開始的可能。封閉劇場的結果，由於長達一年的時間，對於公演收入謀生計的劇團演員來說，是一段決定性的痛苦期間。劇院重新開幕的同時，莎士比亞也終於有了再度上演自己作品的機會。

但是，封閉期間對莎士比亞來說，在創作上、社會生活上反而都成為一大突破的機會，不過，對倫敦戲劇界來說，卻是造成毀滅性打擊的時期。

首先，劇團本身已經衰弱化。一些原本名氣響亮的劇團，在地方巡迴演出期間，都成了二流劇團，逐漸消失。莎士比亞所作的《達伊塔斯・安東羅尼卡斯》及《亨利六世》曾被貝布爾克伯爵劇團拿來演出，但此劇團遭遇了嚴重的財政危機。而本來是一流的女王陛下劇團這一年在倫敦公演，但後來卻必須賣劇本，淪落為流浪各地方的劇團。而有能力寫出克服這種難關的好劇本的劇作家，在當時正人才不足。雖是下一個時代的轉換期，但年輕的劇作家尚未培養起來。

莎士比亞在如此的狀況中，重新加入宮內大臣劇團。在劇團中，他是演員，是附屬於劇團的作者，也是劇場經營者，也就是安排一切有關戲劇工作的人。

宮內大臣劇團約在一五九四年的春天至夏天這段時期，重新集合。後來以國王為贊助者，一直到一六四二年的清教徒一起封閉劇場為止，繼續活動著。而在此半世紀的活動期間中，這個劇團經常對新的戲劇潮流保持敏感。之後，成為倫敦戲劇界的領導者，地位非常崇高，也是這個劇團。莎士比亞似乎在劇團成立不久就加入行列。

劇團的贊助者，最初是博茲特伯爵亨利•柯雷里，此人是演員的擁護者，對於倫敦當局反戲劇的方針，他也站在演員這一方。因為宮內大臣的職務，處理女王的旅行及衣裳，是餘興、休閒的負責人，這點對劇團來說，是幸運的事情。加上清教的社會背景，由於瘟疫而疲弊的劇團演員，可以說是遇上了千載難逢的好贊助者。

前面已說過，莎士比亞之所以能在御前公演，是因為和宮內大臣沙薩布特伯爵有一面之緣，才獲得這項邀請。王室的帳簿裏，記載了一起演出的理查•哈貝茲及威廉•柯普的名字，同時，莎士比亞的名字也在裏面。哈貝茲是當時一流的戲劇演員，柯普則是廣受歡迎的喜劇角色，兩人都是劇團的同事。

加入宮內大臣劇團，對身為劇作家的莎士比亞來說，是極其重要的事情。因為附屬於劇團，成為作者的活動展開，莎士比亞作為劇團的專屬劇作家而創作，意味著確保了作品的上演場所。和必須到處推銷作品的其他劇作家相比，可以說是天壤之別的環境。

作為劇作家，得到優惠的環境，不僅限於這點，還有將他作品充分表現出來的演員。哈貝茲及柯普便是這樣的人。既然作為劇團的專屬作者，劇作家自然能配合劇團演員的品味及技巧，寫出有趣的作品。根據他作品的好壞與否，對劇團的前途有決定性的影響，是非常重要的工作。

莎士比亞加上適合劇團演員的場面，展開了充滿生氣的舞台，它的背景是，具有能充分符合他高度要求的演員。

人的生活，不能斷言是悲劇或喜劇。同一件事情都有表裏，莎士比亞便是想將這種人類生活的面貌全寫入作品的人。他在喜劇中加入哈貝茲的角色，使作品不僅止於笑劇而已，悲劇則讓柯普出場，增添一些喜劇的成份。這樣配合劇團的現狀，另一方面，具有深意的作品群也產生出來。

宮內大臣劇團及海軍大臣劇團

宮內大臣劇團是由在史姆慈・哈貝茲的西達劇院的上演活動開始。莎士比亞就住在西達劇院的附近，正式加入演員的生活行列。在倫敦的北側，形成一個戲劇據點。

在瘟疫流行後的荒廢環境中，最早復活的劇團，還有另一個以愛德華・安雷為招牌演員的海軍大臣劇團。這個劇團對莎士比亞的劇團來說，往後長久期間都成為競爭對手。以下便將兩個劇團的歷史敘述一下。

安雷和海軍大臣劇團的哈貝茲似乎不太和諧，在此數年前，安雷和史特里茲伯爵劇團的幾個人一起，在西達劇院演出。但安雷和小老闆理查・哈貝茲之間發生了爭執，問題似乎出在金錢財務上，結果安雷一行人離開了西達劇院，到泰晤士河南岸的玫瑰劇院去。

玫瑰劇院正好是西達劇院生意上的勁敵。安雷一轉換到玫瑰劇院，便和經營者哈茲羅的女兒結婚。安雷和哈茲羅雖是岳父和女婿的關係，但也以父子關係連結在一起，成為經營上的夥伴，哈貝茲一家大受威脅。而且，在宮內大臣劇團成立時的幾個演員，是和安雷一起站在舞台的史特里茲劇團的演員，和安雷比較接近的人。也就是說，和安雷分開的演員，加入宮內大臣劇團的成立。

莎士比亞在劇場再開期的倫敦，是能寫出獲得好評的劇本的劇作家，是相當受到重視的作者。在那個時期的任何劇院，都是以招徠觀眾為成功的第一目標，很容易想像得到。而莎士比亞卻參加宮內大臣劇團，作為對抗的劇團，必須研究善後方策。當前的問題是，海軍大臣劇團研究馬洛威的作品而上演，在此期間是否能獲得新的劇本，不容置疑地，背後含有哈茲羅的手腕。

他所留下的日記中，記載了經營上的詳細事項。當時，向女王陛下劇團買劇本的便是此人。莎士比亞尋找能相抗衡的作品，他和幾個年輕的劇作家訂立了契約。結果從其中產生許多下一個時代的劇作家。

莎士比亞和哈貝茲、哈茲羅是劇場經營上的勁敵。理查・哈貝茲和安雷是演技上的勁敵。父子二代的勁敵關係，再加上宮內大臣劇團及海軍大臣劇團各以城市北面及南面的劇場為據點，形成對峙的關係。

在倫敦的戲劇界，隨著全體性的復興，其他的劇團也展開了活動。然而後來宮內大臣劇團曾說，安雷和海軍大臣劇團，經常都認為是意識中的人。也就是不管好壞，令人注意的人。莎士比亞數度對勁敵劇團說了暗示性的話語。

哈姆雷特：「……什麼樣的演員呢！」

羅塞克拉恩：「是殿下很喜歡的劇團，是都市的悲劇演員。」

這句話好像指著馬洛威悲劇的演員安雷而說一樣。

這句話寧可說是穩穩重重、淡然地敘述，但《哈姆雷特》之後的場面，哈姆雷特以悲劇角色為對象，演技必須如何對照自然才能加以說明的場面，也包括在內。認為莎士比亞對安雷及海軍大臣劇團的評論太過分，以批判性的態度批評他們的演技，這樣的研究者也不乏其人。但馬洛威的悲劇，是需要有高超的演技的作品也是事實，因而不能一概批判安雷。安雷至少對作品的本質很自然。

對自然像貼在鏡子般，想要創作品的莎士比亞，這點從閱讀他的作品中所呈現的人類存在逼真的諸相，便可窺知一二。

參加宮內大臣劇團的同時，他的創作力更加旺盛。《羅密歐與茱麗葉》、《仲夏夜之夢》、《理查二世》、《約翰王》、《威尼斯商人》等作品，便是此時所產生的作品，都是觸動觀眾內心琴絃的作品。

《羅密歐與茱麗葉》

這部作品在創作的當時不用說，以後的四百年之間，可說是莎士比亞的作品中，最受世界各國歡迎的作品之一，在東方國家也不例外。即使是不知道原作的人，知道羅密歐和茱麗葉名字的人卻不少，是眾所周知的作品。

這部作品之所以令人感動，不僅是一般讀者及觀眾深受影響，連許多藝術家都受到這部作品的影響。結果，創作出一些歌劇及交響曲，除此之外，學習這部作品的文藝作品陸續產生。主角的愛情，成為藝術上的一個主題，被其他的創作所繼承。那是因為，在成千上萬的戀愛悲劇作品中，這部作品對人類的愛情作了成功的描寫，呈現愛情根源性、純粹的面貌。

這種故事雖成為各式各樣作者的作品，然而莎士比亞在約三十年前便已經出版。布爾克所作的《羅密歐與茱麗葉的悲劇故事》便是以《羅密歐與茱麗葉》為藍本進行創作。原本布爾克的作品具有倫理道德的目的，不遵從年長者的意見，年輕人奔放的行動招來了不幸，想要敘述這樣的故事。布爾克雖幾乎借用了莎士比亞的情節，但去除了原典的說教性，描繪為愛而殉情的年輕人的面貌。莎士比亞的年齡比原典更年輕，只有十四歲。

作品的舞台是在義大利，作者恐怕沒有訪問過義大利。是否有到國外旅行的經驗也令人懷疑。不過，這部作品是以維羅納及馬基亞作為舞台，將作品世界所具有的激烈情形，和義大利風土的開放性互相呼應，很不可思議。

主角羅密歐和茱麗葉，都是維羅納的名門莫達奇家及基畢利特家的繼承人。兩人在化妝舞會認識，不知彼此的父親是誰，卻深深相愛著，但是，兩家自古以來即是仇敵的關係。兩家的人如果在街上相遇，定然拔劍相向，爭個你死我活，仇恨極深。相愛的兩人得到修道院的幫助，偷偷地結婚。羅連斯相信這樁婚姻，會有助於兩家的和解，所以才幫助小倆口。

另一方面，兩家的年輕人再度在街上發生衝突。羅密歐的親友馬基西奧在這次抗爭中被刺傷身亡，想要阻止抗爭的羅密歐受到衝擊，不知不覺中殺死對方的達霍爾。他也是茱麗葉的堂兄，她深深哀傷。她的悲傷，由於丈夫羅密歐接受放逐到維羅納的懲罰而加深兩人悄悄地度過了新婚的一夜，翌日清晨天亮時，羅密歐便到馬基亞去了。

不知道茱麗葉悲傷真正原因的雙親，強迫她決定和巴里斯伯爵結婚。陷入困境的她，喝下羅連斯給她的祕藥，進入昏迷狀態。她被當作死者安置於寺院的期間，讓她和羅密歐見面，便是羅連斯的計劃。但寫這件事情的信，並未順利到達羅密歐的手裏。以為茱麗葉真正死亡的羅密歐，跑到寺院去，刺殺了正好前來的巴里斯，自己也喝下毒藥死去。

茱麗葉不久之後醒來，發現事情真相的她絕望極了，便用羅密歐的短劍刺自己的胸，在他的旁邊斷氣。而互相憎恨的兩家，在兩人死後，終於達成和解。

事件從開端到主角的死亡，只是數日間的事情，在短時間內，凝縮了戀愛的熱情。

是抒情悲劇，同時也被認為是命運的悲劇。但反抗宿命想要追求愛情的一對戀人，圍繞他們的人物，並不一定是和他們同樣純真的人。兩家的鬥爭本身便是世俗的事情，至於茱麗葉的乳母，她幫忙兩人秘密結婚，但事情有變時，卻勸茱麗葉和巴里斯伯爵結婚，認為這樣比較妥當，非常現實。

純真及現實性，這兩個要素成為他作品中的內涵。而置於和他們的心情無法相容的背景中，因此，他們的純真才更閃閃發光。

成為我的敵人的，只是你的名字而已，
即使你不是莫達奇，對你沒什麼兩樣，
莫達奇是什麼呢？既不是手也不是腳，
既不是手臂也不是臉，不屬於任何的部位，
啊，希望你使用別的名字！
名字有什麼作用呢？稱為玫瑰的花，
用其他的名字稱呼仍然一樣甜蜜芳香，
因此不要叫你羅密歐，
那美麗的身影，沒有名字，

保持那模樣，羅密歐丟棄你的名字吧！
不是你本身的假名，
請接受我。

茱麗葉說這些話，是在主角彼此知道對方的身世之後，所穿插的一個場面。家世、名譽、世俗的價值等等一切超越不了主角純真的心情，全篇不斷向觀眾訴求這點。

英國從一六四二年起的二十年間，所有的劇場都被封閉。而增大的清教徒勢力，由於清教徒掌握了主權，國王發布了封閉劇場的命令。莎士比亞的作品，也不能公開在劇院上演，一切都變成不可能。但在這段長久期間，人們仍然沒有忘掉這部作品。這部作品是人們最想觀賞的一部，因此繼續保存下來。

《仲夏夜之夢》的創作

喜劇《仲夏夜之夢》約在一五九四年至九六之間所創作。由《羅密歐與茱麗葉》一改而成浪漫的戀愛喜劇。作品全篇都對人類存在加以肯定，作者溫柔的視線非常周到。

故事發生的時間是六月下旬的夏至，作品是描寫一個美麗夏夜所做的夢，年輕男女的戀愛情形，以輕鬆的筆調寫出。原題「仲夏夜」的夏天，是指洗禮者約翰的節日。

根據古代以來對古老太陽崇拜的風俗習慣，在這一天整晚點著篝火，在周圍跳舞直到天亮，迎接日出的習慣。這是太陽的祭祀，但作品中，也充滿明朗的氣氛，瀰漫著一種特殊情調。

作者細微的自然描寫也包含在作品中的適當位置。對豐富的自然情形，莎士比亞從少年時代透過自己的經驗而瞭解自不待言，但他特別吸引了人們的心，尤其對英國人來說，更是如此。六月在英國的四季中，是最美麗的季節。花朵盛開著，同時結出果實。綠意加深，樹枝張開，野鳥叫著，這正表示六月到了。精靈們最熱烈的活動，被認為也是在這時候。人們對六月的愛情、民間傳承的信仰，便是這部作品背景設定的理由之一。

作品的舞台是雅典，西修斯公爵和安瑪索女王荷麗塔正準備進行婚禮。得到沙薩布特伯爵及宮內大臣的援助，在女王御前公演的莎士比亞，對宮廷的情形逐漸熟悉起來。不久，貴族委託他寫結婚喜宴的餘興節目，據說因而創作了這部作品。創作後約經過十年的一六〇四年，宮廷留下上演的記錄。無論貴族及市民，受到觀眾廣泛的喜愛，成為劇團的標準劇目。

內容以雅典公爵的婚禮為梗概，以宮廷中兩對年輕男女的愛情鬧劇為中心。但是，場面設定幾乎都在雅典郊外的森林，並且時間是在半夜。兩對青年男女是相思相愛的拉沙達及哈美亞，以及愛慕哈美亞的塔密特里亞，仰慕他的赫蕾娜。

因頑固的父親，強迫塔密特里亞和哈美亞結婚，她於是和拉沙達私奔到森林裏，追著兩人後面，塔密特里亞和赫蕾娜也來到。森林已經進入深夜，被月光所引誘，精靈們開始活動。精靈之王奧貝羅對於沒有得到結果的愛情，想要讓有情人終成眷屬，完成美麗的愛情故事，但手下巴克所用的愛情靈藥弄錯了，給了赫蕾娜，狀況為之大轉變。塔密特里亞也被點上了愛情靈藥，赫雷娜現在變成受到兩個青年的追逐。憤怒的哈美亞追逐著赫蕾娜，青年們拔劍開始決鬥。

一方面，另一對來到森林的人，是雅典的工人到這裏來練習演戲。巴克他們想嘲弄人類，將工人的頭變成驢子。對這頭驢子，精靈女王竟一見鍾情。驢子在莫名其妙的情況之下，過了甜蜜的一夜。不久天大亮，經過混亂夜晚的人，解決了一切的問題，又回到白天的世界。

公爵的結婚喜宴上，兩對戀愛都得到結婚的許可，欣賞驢子所表演的餘興戲劇，夜晚再度來臨時，精靈在宮殿裏跳來跳去，祝福著新人。

人們有時會對黑暗懷有恐懼，白天不覺得如何的道路，到了夜晚，在黑暗中通過卻會感到異樣。而人類知識所不及和不可思議的事物，宛如夜晚發生的感覺一般。作品舞台的夜晚的森林，像即將發生什麼不可思議事情般的黑暗，具有訴諸於觀眾想像力的力量。在宮廷看見禮儀及外表虛浮的社會，在其中不能率直地表露自己心情的。另一方面，這部作品中夜晚的森林變成逆轉的世界，在這裏卻什麼事情都可以做。

《仲夏夜之夢》的趣味

莎士比亞在這部作品中，將墜入情網的登場人物，描寫成滑稽而可愛的人。戀人本身都很認真，努力守護愛情，但是，他們所進入的森林是和現實相反的世界，因此，觀眾無論如何都覺得非常滑稽，作者為了引出滑稽的感覺，經過幾種研究。譬如，當時美人的典型應是金髮、灰色的眼睛，並且身材修長者更佳，這和藍色眼睛的現代美人沒有什麼兩樣。如果考慮作品中的人物，赫蕾娜便是這種美人典型。

另一方面，哈美亞身材較矮，是黑髮的肥胖型女孩，但實在和美人的標準差得很遠。赫蕾娜因為和哈美亞爭吵，非常生氣的她終於說：「如果看腳的話我比妳長！」作者讓美人赫蕾娜成為沒有人愛、追逐男孩的角色，而矮小的哈美亞卻被優秀的貴族青年所鍾愛，設定了反常的狀況。並且身為女人身，赫蕾娜和哈美亞兩人大打出手，有非常激烈的爭執，這也是一般常識中淑女的基準，在當時是令人意想不到的行為。

兩個青年也被描寫得非常滑稽，他們為了愛情而決鬥，但是，半夜中看不見對方，最後精疲力盡地睡著了。正好，說著「我正是」的騎士，為了美女開始決鬥，卻在重要的關頭，在觀眾的眼前落馬，實在不甚美觀。不過，他們虎頭蛇尾的樣子，倒是令人莞爾一笑。

不僅是戀人們，連工人的驢子也在不知不覺中被引入相反的世界。一頭無名的工人的驢子，雖然女王的戀人是由精靈化身的，仍受到很隆重的待遇，但他所接受招待的飲食，是驢子吃的草，他卻高高興興地吃完。

像人們惡作劇般，看了他們東奔西走不知如何是好，會驚訝地發出疑問：

人怎麼如此愚蠢呢？

登場人物充滿了失敗及滑稽，將人類存在本身認為是充滿幽默的寬容態度，便是這部作品的特徵。這部作品之所以受到喜愛，相信這點正是觀眾所共有的理由吧。

這部作品的情節構造，是將觀眾也引入作品世界歡笑的對象。對舞台上所展開的登場人物的混亂情形，一直快要笑破肚皮看著戲的觀眾，最後閉幕時，是驢子及工人的餘興場面，他們所演出應該是戀愛悲劇，但無論怎麼看都是一齣喜劇。

也就是說，他們的戲劇正是戀人們的戀愛諷刺。而當事人的戀人，卻成為觀眾，觀賞得哈哈大笑。嘲笑觀眾在戀愛時的模樣，看了工人的餘興節目而大笑的戀人，正是觀眾的投影。在不知不覺中，觀眾本身的模樣，被引進作品世界裏，是虛構和觀眾都合而為一的舞台作品。

在文藝的世界中，虛構和現實的問題，對創作家來說，經常是一大主題。對於作品如何投影於現實世界也是問題，但是，在虛構的作品世界，如何加入現實生活，對藝術家而言是極其重要的。虛構的作品世界，如果能融合觀眾的實際人生，則作品雖是虛構的，對觀眾仍具有律動的意義。莎士比亞的許多作品之所以具有說服力，理由之一便是律動主義。

莎士比亞和名演員哈貝茲

身為劇作家，遇見優秀的演員，作品的舞台化，作品的進步，是左右作品質良好與否的關鍵。劇作家縱使創作了優秀的作品，如果缺少可以實踐演技的演員，作品的世界就無法傳達給觀眾。相反地，對於劇本的任何要求及嘗試都能有所對應的演員，創作便可不斷地擴大作品世界。對莎士比亞而言，引出這種相乘效果的對象，便是理查・哈貝茲。

哈貝茲在宮內大臣劇團的同事中，曾演出《理查三世》的主角而獲得好評，因此，和莎士比亞也許是非常熟稔的關係。

理查・哈貝茲從小便在戲劇的世界中長大成人。父親茲姆慈・哈貝茲本來是個木匠，但中途轉業成為演員，而理查五歲時已經參與了西達劇院的建立。父親對演戲的熱情，完全遺傳給兒子。哈貝茲一輩子賭注於戲劇，而他的哥哥也從事劇場經營。宮內大臣劇團後來以兩個劇院作為據點，但這些一流的劇場，完全得力於哈貝茲的努力，才能自在地使用。

哈貝茲是個能將台詞說得很逼真的演員，當時的風評，他在公演中完全變成角色所描寫的人物，觀眾聽他說完台詞感到興猶未盡，希望他再說一次。

當時的演出，普遍的情形是不使用複雜的舞台及背景，從場面狀況傳達人物的心理，必須透過台詞。因此，台詞若能說得逼真一些，便可表現語言微妙的涵意，是非常重要的一環。台詞說法的本身和作品的生命，有極密切的關係，需要有高度的技術。

因為這樣的情形，像哈貝茲這類的演員是難得一見的人物。莎士比亞在作品《哈姆雷特》中，將無謂的悲傷讓主角說出來，彷彿遇到真實事情一般流著眼淚，那演員的悲嘆，令人感到非常有趣。

理查・哈貝茲

劇團的招牌演員哈貝茲，演了許多莎士比亞的作品，擔任主角。莎士比亞在創造這個登場人物的過程中，便是設定哈貝茲演這個角色而寫的，這點非常容易想像得到。那麼，和哈貝茲的相遇，帶給莎士比亞創作上什麼東西呢？

對莎士比亞來說，重要的是隨心所欲地將自由的意念作品化。對一瞬間到下一瞬間不斷變化的人類心理，是他最想描寫的。哈姆雷特向他的愛人歐菲麗亞說「我愛過妳」之後，又說：「我從未愛過妳」，是認真、吐露真情的表白。這點由哈貝茲將它演出來，具有很高真實性，演員才能表現的一句話。無論是哈姆雷特，或是奧塞羅、李爾王，每一個都是具有激情的人物像。他從愛情急轉，不停地變化為嫉妒及憎惡，有時過分不合理的變化，甚至缺少了一份現實感。

對許多演員來說，即使想要嘗試表演一次，實際上表演時，讓演員實在無法勝任的困難角色頗多。然而到目前為止，許多演員為了演出莎士比亞的作品，盡力發揮了自己的演技。而這種演員的歷史，根源即始於哈貝茲。

莎士比亞和哈貝茲之間的關係，後來又發生了一段小插曲。

哈貝茲演出了理查三世，但他將對自己非常著迷的女戲迷邀請到家中，知道了這情形的莎士比亞，領先哈貝茲一步去拜訪那位女戲迷，似乎突然起了遊戲之心，完全接受她的招待，兩人過著快樂的時光。不明究裏的哈貝茲隨後到來，莎士比亞卻一點也不慌忙，說著：「征服王威廉是比理查三世更早時代的人。」真偽究竟如何我們並不知道，但和哈貝茲之間的親密，及像莎士比亞這樣的人才有的機智，兩者所摻雜的故事一直流傳到現在。

《威尼斯商人》

在抒情的世界，自由發揮其文筆的莎士比亞，接二連三創作出令人有新鮮感的作品，充滿著純真及熱情的作品，在他的創作生涯中，可以說是青年時代。

一五九四年至九六年間創作了《威尼斯商人》，這部作品中，他創造出荷西及夏洛克這兩個人物。荷西是才色兼備的女主角，夏洛克則以猶太人的高利貸商登場。他雖不是主角，但以強烈的個性及現實的存在感，成為留在眾人記憶中的人物。

故事的情節是，威尼斯的青年巴沙尼奧順利獲得荷西青睞的始末，以及描寫有關這些年輕人的愛情情形。

威尼斯的富裕商人安東尼為莫名的憂鬱所煩惱，親友巴沙尼奧為了向有錢而美貌的美人荷西求婚，替他準備了必要的大筆金錢。湊巧身邊沒有可自由運用的金錢，於是便向專放高利貸謀生的猶太人借錢，條件是必須在期限之前償還，如果無法還清，就要切除一磅最接近心臟的胸肉。巴沙尼奧感到危險，想要阻止安東尼，但有償還可能的安東尼作了證明文件及訂立契約。

貝爾莫特的美女荷西，一直暗暗仰慕著巴沙尼奧，但她遵從父親的遺言，選擇符合條件的男孩結婚。父親所交代的方法是，在金、銀、鉛等三個箱子其中的一個，發現她畫像的人，便可娶她為妻。

世界各地的求婚者，輪流來拜訪她的邸宅。和朋友一同前來貝爾莫特的巴沙尼奧，順利地對中了箱子，荷西也很高興成為她的妻子。但此時威尼斯有通知來了，到海外做生意的安東尼遭遇了船難，他的生命現在已經像風中之燈一般。

在法庭上，夏洛克以證明文件作為後盾，要求切除安東尼的肉，不管允諾多少的金錢，他都絕對不接受。他請來一位年輕的法學博士，委任他進行訴訟。

博士向夏洛克說明應該慈悲為懷，但夏洛克不聽勸告，終於，夏洛克的控告獲得勝利。刀已經拿在手上了，就在此際，法學博士喊叫著：「你可以取安東尼的肉，但不能流出一滴血。如果流出一滴血，就要沒收全部的財產。」於是夏洛克因而敗訴了。

巴沙尼奧為了答謝法學博士，將結婚戒指交給他。他就這樣回到貝爾莫特，後來，知道博士原來便是荷西所假扮的。因為戒指這件事情，引起了一連串的風波。但最後這件事情終於落幕，有了圓滿的結局。

一五九四年這一年，發生了羅貝斯的暗殺女王未遂事件。伊麗莎白女王已經超過六十歲，但尚未有王國的繼承人。在這樣的情況下，女王的健康及國家未來的安泰，不能不成為國民所關心的事情。然而，發生了暗殺陰謀事件，被認為首謀者是女王的侍醫葡萄牙裔的猶太人羅貝斯。這部作品的創作背景，是這次事件對社會所造成的影響。事實上，王國之內自從十三世紀末以來，便禁令猶太人居住於境內，但夏洛克是個合乎時宜的登場人物。

作品主要事件的基礎，在於基督教徒和猶太教徒的不和諧。這個問題長久留存於歐洲歷史。進入本世紀，因戰爭而發生了悲慘的事件，這是眾所周知的。由於時代及人們的意識，對於這部作品的解釋也就不一而足了。並不能說任何一個是錯誤的。以「慈悲之心不是被強迫賦予的」這句話開始，在法庭的場面中荷西說話的那一節，是作者所有作品中最美麗的，給予許多人欣喜。另一方面，夏洛克所說的「猶太人難道不是人嗎？」他吶喊的意味，有一種對自我主張的悲痛，令人感動。對於夏洛克的判決，也不乏認為是荷西的詭辯的法律家，認為正當的人也有，議論至今尚未冷卻，由於國籍及文化背景，看法有所不同。

從這個意義來說，這部作品最後雖保有喜劇的抒情性，但也具有難解的另一面，莎士比亞的作品之所以受到世界性的肯定，便是來自這種深度。

徽章及新地點

一五九六年是莎士比亞遭遇家中不幸的一年，兒子哈姆內特死了。哈姆內特是三個孩子中唯一的男孩，就這樣永別人世，而他是才十一歲的少年。

兒子死後，莎士比亞留下了兩項令人看出他在實業上能力的記錄。

得到名譽的人，生活卻是悲慘的類型，以及將藝術上的成功和社會生活上的順遂同時作為目標的類型，如果藝術家可大致區別為這兩類型，莎士比亞確實是過著後者生活方式的人。

此時，他所留下的記錄之一是，向倫敦的徽章院提出徽章使用的許可。兒子去世那年的年末，他以父親約翰的名義提出申請。如果許可批准下來，莎士比亞家便升格為鄉紳的家世。雖不是貴族，但比一般自由市民更有名譽，獲得更高的社會地位，可以說由女王陛下的御筆獲得加入名家行列的證明，對曾是沒落手套

莎士比亞家的徽章

工人的父親來說，代表了相當重要的晉陞。被封為鄉紳，當然身份及生活就有了保障。

父親長年的負債，莎士比亞大概在此之前已經還清了。父親二十年前位居的地位時，一度申請過徽章，但這次終於為沒有獲得許可的父親達成了願望。

由於這次的申請，莎士比亞家得到使用徽章的許可。徽章的圖案，中央是金色的盾形，有銀色流穗的刀鑲在黑色的斜線裏，寫著「背刀的人」。徽章下面所記載的是「並非沒有權利」，父親約翰終於成為第一代的鄉紳，莎士比亞則是第二代。

徽章使用許可批准下來的翌年，莎士比亞在史特拉夫德購置了房地產。這是第二項記錄。閒靜的教堂街，稱為「新地點」的房屋，以鄉鎮的一般住宅來說，是最大的一間。這棟房屋曾經為名叫畢・庫洛布特的人所擁有。此人架設了愛茵河唯一的橋樑，做了很大的事業。現在史特拉夫德和對岸相接的主要橋樑，只有

上：新地點的庭院及邸宅
左：新地點的庭院（現在）

莎士比亞的邸宅「新地點」，現在已變成庭院，但緊鄰的納西的家被保存下來，成為博物館。

庫洛布德橋一座而已。莎士比亞在庫洛布特的房屋中，以鄉紳的身份生活著。這裏庭院廣大，傳說莎士比亞曾親自栽種桑樹。他居住於倫敦的期間，大概是由妻子管理故鄉的一切家務。莎士比亞在史特拉夫德附近買了土地，卻引起了訴訟，過著和一般村民沒有兩樣的生活。

哈姆內特死後，不管莎士比亞如何想，但不容否認的，骨肉至親的死，會讓一個人更將關懷投注於家人身上。後來，莎士比亞詳細地描繪了親子之間細膩的感情，以及生動的女兒的模樣，進入劇作家的成熟期。

第三章　邁向廣大無邊的宇宙

新的劇場及活動

英雄式的國王《亨利五世》

莎士比亞再度歷史劇的創作。《亨利四世》第一部、第二部（一五九六年至一五九八年左右）、《亨利五世》（一五九九年）便是其中的傑作。這三部作品對英國人來說，都是人民的英雄。以亨利五世為題材而創作的《亨利五世》，大約在一五九九年完成。已經寫過《理查二世》的莎士比亞，以史實上的理查二世約五十年間所展開的歷史，完成了這部作品。

這五十年間是英國歷史上戰爭不斷的時期，時代上正好重疊於百年戰爭的時期，由於戰爭而領土擴大、王權伸張是那個時代的特色。

百年戰爭在英、法兩國之間展開，其開端追溯至十四世紀。戰爭的主要原因是，兩國都以獲得弗拉特地方的主權為目標。法國為了強化主權，英國則基於經濟上的理由，想要確保法國境內的領土，急欲和法國保持緊密的關係。英國以塔巴對岸的卡雷作為墊腳石，謀求進入法境。領土的相爭變成有關兩國王位繼承權的戰爭，且斷斷續續持續了一百年以上。

莎士比亞所描寫的亨利五世，是領導英國在百年戰爭中獲得勝利的英雄式國王。雖是斷斷續續的，但在如此長期和他國的戰爭中，不可能不對國民生活造成疲弊。從經濟上、對外政策也必須伸展國力。

亨利五世二十七歲便即位，翌年開始原本休戰中的對法戰爭。他借正義之名親自率領軍隊，在亞茲可獲得大勝。對英國來說，這是數十年來的大願望，如此一來，便可獲得法國的王位繼承權。亨利五世名聲極高，成為人民的理想偶像，便由此歷史背景而來。

作品所描寫的亨利五世，是距離史實上的國王已經超過一百五十年以上的事情，因此，對觀眾來說，也就是古裝歷史劇。但他們的劇團似乎是穿著伊麗莎白時代的服裝演出，對觀眾而言，登場人物與其說是遙遠過去輪廓模糊的人，不如說是切身的印象。而且和英國的競爭關係並非在百年戰爭後便結束了，事實上，現在女王也派兵出征到法國，內容極富於時事性。

莎士比亞雖描寫國民性的英雄，他並未塑造像神般完美無缺的人物，作品是由主角成長為王者的過程所構成。

《亨利四世》中，王子時代的亨利五世也登場。在作品中他是違背父親期待的一位放蕩青年，他身為王子的身份，卻被庶民暱稱哈爾，與其在艱苦的宮廷，不如待在街上的酒館，和陋巷的人一起過生活來得有趣。作者描寫了主角以寬廣的視野來看社會，並且不忘身為王子的身份，自覺到作為一個國王的責任及義務的過程。

續篇的《亨利五世》將史實上的亞茲可特之戰，以及獲得法國王位繼承的始末加以描寫。國王亨利五世像英雄般活躍，以敘事詩一樣的英文娓娓道來。

透過這三部作品，主角的周圍安排了和宮廷世界相對照的陋巷居民。這些人是廉價酒館的女老闆，或普通的醉客。和歷史的正面舞台毫無緣份的無名人士，以庶民式的存在感，為這個作品世界添上現實意味。

在莎士比亞的作品中，這三部作品的愛好者極多，但大多數的愛好者都是被這些庶民的模樣所吸引，而愛上了作品。全民英雄的故事，被伊麗莎白時代的另一個英雄所引導，對當時的觀眾來說，具有強烈的訴求是可以想像得到的，但英雄之外形形色色的登場人物們，能繼續給予人們更廣泛的共鳴。

王者的痛苦

亨利五世被描繪成傳說人物般的英雄，但另一方面，作者也考慮到身為人的苦惱，那便是王者孤獨的痛苦。使歷史上的王者之名成為不朽，是因亞茲可特之戰的勝利。在作品中，亨利五世對戰爭那天早上身為國王活著的痛苦，以長長的獨白向自己告白：

身體充滿滿足，心沒有擔心的事，
在痛苦的勞動之後，得到麵包作為食物，
之後奴隸能安詳地睡去。
他們不必晚上看地獄的使者，恐懼夜晚的來臨，
像馬兒般從日出到日落，
像太陽神般流著汗，到了晚上，
在黑暗之國中安詳地睡去。
第二天早晨天亮時醒來，
幫忙太陽神翱翔於天空的馬車繫上馬，然後一整年反覆著，完成了成果不少

的工作，以迎接年末。
沒有禮貌的他們，
在勞動中度過一天，睡眠中度過夜晚，
比身為國王得到多麼的好處啊。
身份雖是奴隸，
同樣住在這國家的人，能享受美好的和平。
然而，愚蠢到想像不到的程度，
為了農民的安詳，
在此期間，國王也必須睜亮眼睛。

在社會生活中的人獲得好處，具有權力者則得到自由，我們很容易有位居高位得到幸福的錯覺。然而，王冠並不意味著安穩而充滿平安的生活。這點由英格蘭王國的歷史本身告訴了我們。

女王的弟弟僅僅在位六年。接著姊姊瑪麗女王則因對法政策失敗，在王位上待不到五年。她的一生都關注著宗教政策、對外政策等問題，不能說是安樂的一生。伊麗莎白女王本身的一生，如果仔細來看，可以說是充滿辛勞的。她在少女時代，由於身為國王的血親，暴露在生命的危險中，後來，作為王國掌舵者的重責加諸在她的雙肩上，作者描寫了這種身為王者的痛苦。

莎士比亞創作了數部歷史劇，但其中有各種各樣的國王登場活躍著。這些人物將名字留在歷史的舞台上，創造了歷史。

但是，王冠畢竟不會超越歷史的流動，縱使是戴王冠的國王，在比他們更大的力量之前，只不過是一個懦弱的人罷了。

在一般庶民貪戀睡眠的期間，國王的心沒有片刻的安詳，無時無刻地創造歷史，可以說是時間的俘虜。即使是忙碌的現代人都會認輸，充滿壓力的人生，便是國王的生活。

亨利五世的悲嘆，是身為國王必須犧牲睡眠的苦惱，但不僅他一個人，和今天的許多人也有共通之處。睡眠能安詳，當時和今天人們的要求並無二致。

弗爾史達的登場

在莎士比亞所描寫的登場人物中，中期的傑作之一便是弗爾史達。亨利五世因失去安眠而悲嘆的另一面，具有黃金般睡眠的便是此人。

弗爾史達像

哈爾像（後面是莎士比亞像）
皇家莎士比亞劇場的庭園

弗爾史達在《亨利四世》第一、二部中出現，在《亨利五世》最初的部分，提及他因熱病而死亡。莎士比亞以哈爾所見聞的倫敦陋巷居民，搭配弗爾史達這個角色。

根據某一說法，看了《亨利四世》的伊麗莎白女王非常喜歡。今天在史特拉夫德的皇家莎士比亞劇場的庭院，在四個代表性的登場人物塑像圍繞著作者，其中之一便是弗爾史達這個人物，他在當時和今天都一直獲得極高的評價。

那麼，弗爾史達被喜愛的理由何在呢？我們必須看看其人物塑像。

他的正式名字是薩‧約翰‧弗爾史達，薩是對於授與騎士爵位的敬稱。對國家有功績的人物，國家都會授與榮譽爵位，他至少應有過良好、名譽的行動，然而實際上如何呢？他是個非常肥胖、中年的不法之徒。幾乎一整年都在小酒館中出入，喝著廉價的酒，有個啤酒桶般的肚子，被同伴所嘲笑，哈爾稱他為「肥胖傢伙」。看來和被封為騎士爵士所能想像的清廉正義之士，距離非常遙遠。因為他本來的工作便是強盜，十多年間都專心於工作的職業——強盜。

當時，如果走出城鎮，還可以看見毫無人工的大自然，無論道路或森林，都是寬廣的一大片。因此，叉路常成為強盜隱藏的地方。

莎士比亞所來往的史特拉夫德和倫敦之間的道路，經常有強盜出沒。有時，旅館的佣人便是他們的一夥人，從旅館接到通知的強盜一夥人，在街道上等著住宿旅館的客人，伺機行動。弗爾史達也是這種人之一，而且他一點都不覺得自己的工作很可恥。

喔！哈爾，這是我的天職，哈爾。

努力於自己的天職並不是罪過！

這句話正表示出他完全存在的堅固。

哈爾認為與其在艱苦的宮廷中生活，不如到街頭來得適意，雖被如此設定，但另一方面，作者巧妙地將兩人的人物作對照。弗爾史達從商人那兒搶了金錢，但喬裝的哈爾又將它搶走。不明究裏的弗爾史達拼命地跑回酒館，接著得意洋洋地捏造自己英勇的事蹟，自吹自擂，哈爾卻毫不留情地暴露出他懦弱的樣子。弗爾史達雖被揭發了事實，但他仍泰然自若地欺騙大家，說準備將強奪的金錢用來喝酒直到天亮，痛痛快快地喝一頓。

接到商人的控告，警方前來逮捕他，他卻藏在壁毯的背後，像馬兒般發出鼾聲睡覺了，顯然是安樂之至，可以說是黃金般的睡眠。

至於，一旦發生戰爭時，弗爾史達也會赴戰場，因為有騎士的爵位，敵人知道了他的名字。雖由哈爾的引薦，擔任了隊長，但他心裏一點都沒有立下戰功的想法。被敵方的武將指名挑戰他該怎麼做呢？他為了避難而裝死。認真戰鬥的哈爾又如何說呢？他在一旁好像站在高處看龍虎相鬥一樣，「對哈爾！去吧，哈爾加油！」他替哈爾聲援，並且在哈爾退場時，一見哈爾倒地，便將哈爾打倒的敵人揹著，將他們作為自己的功勞。

作者並不是將這樣的弗爾史達描寫成可惡的傢伙，他的意圖寧可說是考慮了讓觀眾能哈哈一笑，能接受他這個人物。事實上，哈爾也饒恕了弗爾史達。

如果將弗爾史達的人物像和社會常識相對照，他實在是個無惡不作的傢伙，他之所以受到人們的喜歡，是什麼緣故呢？那是因為，他是自然而絲毫沒有矯飾的人，無限的自由。

的確，他是個無節操又懦弱的人，做事很容易遲疑。他的真面目是高人一等的機智，腦筋非常好。但是，他對於美好的事情一點都不用腦筋去想，做有益的事情。他的機智並不是為了任何人，而是為了自己的人生而存在。

他扭曲著嘴巴的形象，看見死在戰場上的武將，他敘述了以下的一段話。這一節並不拘泥於社會的價值基準，告訴我們他存在的自由。

「我弗爾史達爵士如果死時得到歪著嘴巴的名譽，我才不喜歡，我認為活著比較好，只要性命得救就好，如果沒有得救卻得到不想要的名譽，這樣就完了，一切就結束了。」

現實上若是存在，他實在是個令人感到困惑的人物，然而卻受到許多人的喜愛。那是因為，不會被虛榮所欺騙，對照於生命他具備了率直這點性質。自由的人是很難得的事，拘泥於某件事，被捲入人際關係裏，想到人活著的不自由時，以「總之，五花八門的人世實在難以生存。」一帶過。弗爾史達超越它，是強有力的自由人。莎士比亞認真地將宮廷所代表的歷史時間的世界相對比，描寫了弗爾史達的世界。他的世界，可以說是時間、人都無所謂的世界。《亨利四世》第一、二部是描寫亨利五世成長過程的作品，如果沒有導入弗爾史達這個人物，也許這兩部作品就得不到很高的評價。

關於弗爾史達，還留下一項傳說。特別欣賞他的女王，說下一次想看看戀愛中的弗爾史達是什麼樣子，於是莎士比亞立刻從事於下一個創作，所寫出的作品便是《溫莎淘氣的妻子們》（一五九九年左右）。真偽我們無從得知，但這部作品中，弗爾史達變成被兩個妻子玩弄的好色老人，沒有以往的光彩。然而，這部作品給予許多藝術家創作上的啟示，威爾第的歌劇《弗爾史達》便是一例。

地球劇院的誕生

在莎士比亞的作品中，提及有關當時劇場的事情，從其中我們可以推測，劇團所演出的劇場究竟是什麼樣的構造。

一五九九年以後，莎士比亞的作品被演出，地球劇院是劇團所有的劇場。到一五九九年的秋天為止，這個劇院才完成，《凱撒大帝》及《亨利五世》都曾在這裏上演。對於到新劇院來的觀眾，莎士比亞這樣打著招呼，那是《亨利五世》情節的一節：

……然而各位，請原諒，
遲鈍的我們，微不足道地，
在這個舞台上，在美好的光景中，
特別讓各位來觀賞。
這個平房的小舞台，是否能巧妙地容納廣大法國的戰場？
這木造的O字，能將威脅亞茲可特的天空的甲冑統統搬進去嗎？
彎腰的演員和百萬軍隊相比，
雖等於零的身份，但請發揮各位的想像力，請多多原諒。

地球劇院是木造三層的建築物，外觀彷彿英文字母的O字。地球劇院的標誌，便是阿基里斯揹負著地球的圖案。地點位於泰晤士河南岸，渡過倫敦橋沿河稍

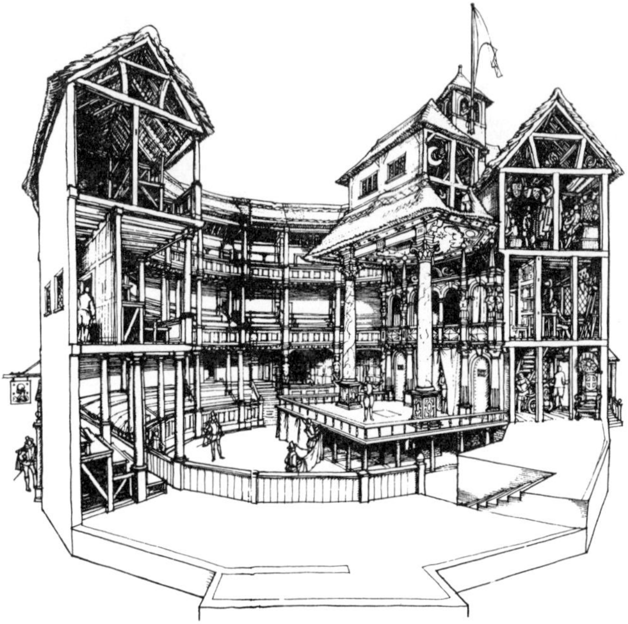

（上）地球劇院內部的復元圖
（右）地球劇院全景的復元圖

前的地方便是。城市內仍然被反戲劇思想保護著，新劇場的建設極其困難。結果，莎士比亞和劇團的人員，選擇了向南方街道延伸的新生地。

地球劇院在倫敦的劇場中算是非常優良的劇場，開幕的過程，實際上包含了劇團人員辛勞的故事。關於這點，今天大概已經調查出來。

在建築地球劇院之前，劇團以西達劇院為中心進行公演，但是，借地契約在一五九七年便已結束。在此契約到期之前，茲姆慈和地主進行更新契約的磋商，然而條件無法談攏。除了提高將近兩倍的租金之外，還要將劇場建築物的所有權讓渡給對方，地主提出嚴格的條件，談判因而破裂。就在這樣的情況下，契約期限已經到期，問題還是沒有解決。

茲姆慈‧哈貝茲卻在這時候逝世，雖和地主交涉由他的兒子來繼承，但還是無法解決。劇團利用附近的卡迪劇院採取苦肉計。並且，全體戲劇界發生了令人震驚的事件。那時年輕的劇作家班強生非常活躍。性格很活潑的班強生，所寫的作品也反映了他的人格。他的作品刺激了倫敦市議會。市長以下擔任要職的人，必須驅除不穩而具有煽動性的戲劇，向樞密院提出申請。而申請被接受了對倫敦的所有劇院發佈封閉命令。據說曾指名西達劇院及卡迪劇院。結果，雖然樞密院的命令沒有被執行，但對劇團來說，確保確實的演出場所是非常重大的事情，但交涉沒有解決的徵兆。劇團的人員終於下定決心，哈貝茲兄弟及木匠彼得‧史特里德、還有劇團的人員、莎士比亞都包括在內。他們親自拆除了西達劇院，將木材搬運到泰晤士南岸，於是在那裏建立了地球劇院。

法律上劇團的人員並沒有什麼不對的地方。後來，地球劇團成為宮內大臣劇團的據點，在戲劇史上留名，在倫敦最初的劇場中，因建設者之子及同伴的手，產生了最進步的新劇場。

地球劇團的營運及構造

劇團人員在營運地球劇團時所採用的方針是，採取共同經營的方式。也就是說，共同分攤租地的租金、劇場建設費、營運費等費用，共同出資，全體人員團結在一起共同經營。而利潤則依照出資的比例來分配，很類似現在股份有限公司的合理營運。

理查・哈貝茲似乎借了許多錢來作為建設營運資金，莎士比亞和其他的演員也共同出資，結果，他擁有全體百分之十的權利，成為實際上的經營者。在這樣的方針之下，他們的劇團一層一層地發展下去。

關於地球劇團，並未留下鳥瞰圖及設計圖。地球劇院建好後不久，一向是勁敵的海軍大臣劇團也建設了財富劇院，此時，因為從事建築的木工是同一個人，這兩個劇場的構造，類似點很多，並不難推測出。今天所認定的地球劇院的構造圖，便是從這樣的間接資料想像的。

根據資料，地球劇院沿著外壁彷彿組成一個圓陣一般，作成觀眾席，三層樓的天花板有屋頂。舞台是圓周上的一部分，向劇場的中央突出，劇場的中央部分沒有屋頂。而舞台周圍是站著看戲的廣大空地，觀眾席地而坐，最便宜的入場費即是此區，想坐著看戲的觀眾，必須支付額外的費用，坐在有屋頂的席位。

建築物本身，內側的直徑不到十七公尺，不到七十坪的空間，在這樣的規模下，如果有兩千位觀眾進入裏面看戲的話，人就擠得水洩不通，演員站出來時，腳邊、側面、頭上都會阻礙觀眾的視線。在小而圓形的空間內，擠進了眾多的觀眾，從這點來看，可以想像得到那是舞台觀眾席非常親密的表演空間。

舞台突出部分的內側，通常用布幕將它隔開，但有的場面變成內舞台。要演室內場面時，利用這個地方很方便，相當於內舞台的二樓場所作為上舞台使用。需要上下空間的場面時，利用這裏即可。而且同時使用這三個舞台也是可能的，舞台世界加上立體性的現實意味。

現在世界的各城市，都模倣伊麗莎白的劇場構造建立劇場，當時的表演空間如何，觀眾的戲劇體驗如何，是劇場業者想要重新找回的。

至於經常使用莎士比亞的語言，任何一個登場人物都很會說，可以說是語言很豐富的時代，但這還包含了一個劇場構造上的原因。

今天的劇場被牆壁及屋頂所覆蓋住，令人聯想到劇場是陰暗的場所，但和這不同的是，當時的劇場並沒有屋頂，所有的場面都在自然的光線中演出，並且上演時間是午後二點左右，天仍大亮。

在《李爾王》中，有一幕主角在暴風雨的荒野奔跑的場面。因為有暴風雨，天空必須陰暗，否則就很怪異，然而，上演時並不是天空佈滿了烏雲。如果是夏天，陽光不斷照射的日子很多，也許小鳥也快樂地叫著，此時該怎麼處理這種場面呢？一切都用語言來表現場面。

吹吧，風，將你的面頰吹破吧！憤怒瘋狂地吹！吹吧！
雨，靜靜地下吧，瀑布變成逆流，
地上的尖塔垂下去吧！連風信鴿也讓牠溺斃吧！
閃電啊，瞬間能完成工作的硫磺的焰火，切斷了橡木的雷的前兆，
將白髮燒焦吧！震搖全世界地吹，
將它打在圓圓的地球上使它扁平吧，

打破造化之神的胎體，創造忘恩負義的傢伙。
種子統統都打扁吧！

舞台上雖沒有實際的暴風雨，如果是有遇到暴風雨經驗的觀眾，和自己的體驗相對照，能充分想像出。這段話包含了很豐富的意象，暴風雨並不在舞台上，以觀眾的想像世界吹著。

不僅沒有屋頂，舞台上的背景及道具，據說當時也很少，所以語言仍是戲劇重要的一環。沒有什麼東西的空間，不停流動著接二連三的場面，一一展開。要演出亞茲可特的戰場時，用映像來表現不出量感，也不能用音響來表現出軍馬逼進的聲音。觀眾對於數個登場人物，需想像成幾萬兵士激戰的場面，「馬」一個字要想像成大軍的馬群。觀眾利用想像力及聯想，創造自己的戲劇世界，因此，和作品世界感覺很親近，每個觀眾都有自己的解釋。

劇作家的生活

地球劇院是倫敦的著名建築物之一。倫敦和歐洲大陸其他的都市相比，乃是首屈一指的大都會，商業及交易非常繁榮，有許多來自海外的旅行者來此觀光，

塞薩克・卡帝德拉的莎士比亞像

其中有人記錄下在地球劇院觀賞戲劇的情形。

劇團有了專屬的劇場，是讓莎士比亞能有安定創作活動的基礎，這是毫無疑問的一點。身為劇作家，他究竟過著怎樣的生活呢？在這裏讓我們來想像看看。

假定莎士比亞從事創作的期間是二十五歲到五十歲，在二十五年的活動期間中，他到倫敦的時間大約是二十歲，最後單獨執筆的時間是四十七歲，中間便是他真正從事創作的年數。

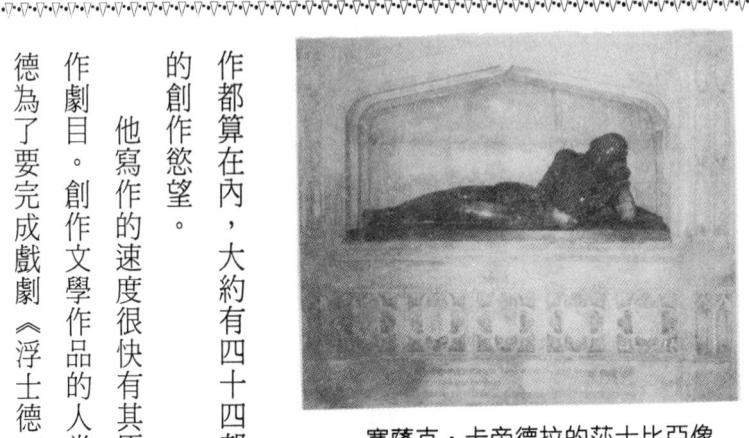

這段期間的作品數目，連戲劇、詩、共同創作都算在內，大約有四十四部，也就是一年大約創作二部，不能不說是非常旺盛的創作慾望。

他寫作的速度很快有其原因，他是附屬於劇團的作者，有義務不斷為劇團創作劇目。創作文學作品的人當中，不乏花費數十年歲月創作珠玉般作品的人。歌德為了要完成戲劇《浮士德》，前後花了六十年的時間。長年的創作努力，留下超越歷史的傑作。

然而，莎士比亞的立場不容許那樣長時間的創作。劇團必須將最新的劇本呈現給觀眾，話題也必須是新的，否則上演時一定會遭致失敗。實際上，他的作品中也包含了不少時事的話題，對現代讀者來說，存在著沒有經過說明就不容易瞭解的部分也是事實。

從這點來說，莎士比亞與其說是文學作家，倒不如說類似今天的廣播作家，廣播作家一天需寫二十至三十張的原稿，對於作品的評價，只要一次即可決定。因此必須創作合乎時宜的主題，並且能廣泛地被視聽者接受，為了符合普遍性的要求，必須十分費神。而且如果寫作態度悠閒的話，當時最好主題就會被其他的作者搶走，所以，創作速度也是很重要的課題。

流血悲劇正流行時，莎士比亞創作了殘酷的復仇喜劇《達伊塔斯・安東尼羅尼卡斯》，但關於這方面的情形和現代有一脈相通之處。

劇團有時也完全演出其他劇作家的作品，遇到這樣的情況，莎士比亞就成為演員活躍於舞台上，但是，下一個作品的想法及結構經常都盤旋在他的腦海裏，看他的創作速度便可察覺出來。

一五九六年到九八年所創作的《亨利四世》第一、二部之外，一五九八年到一六〇〇年間這段時期，他可能執筆寫了《空騷動》。一五九九年左右的《亨利五世》、《溫莎淘氣的妻子們》、《凱撒大帝》，也是重要的創作。

到了翌年一六〇〇年，《隨心所欲》被登錄在書籍出版公會。這部作品以「這世界都是舞台，男女都是演員」而聞名。

還有一六〇一年左右寫了《十二夜》，同時期也創作了《哈姆雷特》。後來被稱為他的四大悲劇的悲劇作品群，也在此時開始創作。一六〇二年左右創作了《托洛伊拉斯與柯蕾西塔》、《皆大歡喜》、《以牙還牙》等作品。

創作密度之高，正告訴我們莎士比亞在當時的活動有多麼旺盛。他在作品中所採用的主題非常變化多端，其範圍從政治及海洋航海的故事，到庶民的擺龍陣都包羅在內，從所有的素材中選擇話題，創造人物像，展開故事的結構，這是需要高度智慧的作業。

《凱撒大帝》及艾塞克斯伯爵事件

《凱撒大帝》於一五九九年的九月末於地球劇院上演。創作大概在此之前不久。

這是描寫政權的轉變及政治家類型的作品，正如標題所表示的，場面設定在羅馬時代。凱撒對歐洲的人民來說，是一個大政治的典型，作者也具有很深的興趣，從這點產生了作品。更進一層地，有關莎士比亞創作政治悲劇，艾塞克斯伯爵事件使當時的社會情況產生騷動，這項事實今日仍廣被認定。

艾塞克斯伯爵和莎士比亞是同年代的人，是過著華麗的宮廷生活的貴族。莎士比亞呈獻二篇抒情長詩給沙薩布特伯爵，對這位宮廷的前輩表示敬意，伯爵是像兄長般的人物，非常醉心於詩篇。

莎士比亞由於沙薩布特伯爵的引薦，和艾塞克斯伯爵成為知己的關係。伯爵擁有非常傑出的容貌，也頗具武勇。在奧拉塔的戰場中，他發揮了勇敢的性格，和敵人戰鬥，也和德里克船長一同遠征至葡萄牙外海。當時的英格蘭，正進行擴大海上權及增進國力，勇敢而耀眼的伯爵，理所當然地成為時代的寵兒。

伯爵因年幼喪父，十八歲時便服務於宮廷，成為女王的寵臣而建立了地位。不僅如此，他身為武將也有極高的聲譽，在國民之間廣為人知，可以說是全民性的明星。但是，伯爵卻被捲入宮廷內的政爭，因為伯爵本身是率直而性格強烈的人，無法掩藏自己的野心。在宮廷內受人討厭應是可以理解的，有人對他不懷好意也沒什麼不可思議。並且在宮廷禮儀的假象之下，廷臣們彼此想陷害對方。女王本身利用廷臣的對立競爭來操縱政權，所以紛爭更加熾烈。

但像伯爵這樣性格鮮明的人物，在這樣充滿外表演技及內心企圖的世界，想要做一個成功的政治家，並不是容易的。

一五九八年，宮廷對愛爾蘭問題僵持不下，成為重大的懸案。女王決心要鎮壓反叛軍。而伯爵在討論會議上和女王形成對立。對軍事有自信的伯爵，採取十分傲慢的態度，非常憤怒的女王，抓著他的耳朵賞了耳光，據說，伯爵甚至想拔劍相向。

但這次事件終於獲得解決，伯爵率領了一萬六千名的大軍前往愛爾蘭，取回女王的信賴。莎士比亞在《亨利五世》中描寫了他以武將受到歡迎的情形。亨利五世同樣是受到全民歡迎的將軍，他砍下反叛者的首領凱旋歸來時，市民都從家裏奔出同聲慶賀，熱烈迎接他，有關此內容的一節，正表示出伯爵多麼受到市民的愛戴。

然而，伯爵的權勢並沒有辦法長久繼續下去。他的作戰被非難，因為沒有經過女王的同意，濫發騎士爵位，因此，伯爵本身受到女王的質疑。女王沒有命令他回國，但他被衝動所驅使，一回國便立刻到宮廷晉見女王。此時，女王親切地接待他，但同一天的下午再度會見時，她的態度完全逆轉。伯爵被命令蟄居，關在自己的城堡裏，開始由宮廷對反叛罪展開調查。

莎士比亞執筆《凱撒大帝》的時期，正好是伯爵在宮廷的地位墜落的時期。作品中沒有提及伯爵，但政權抗爭這個主題本身，便具有很高的時事性。羅馬時代置於遙遠異國的場面，作品描寫著有關政權人類百態的原型。

《凱撒大帝》

凱撒的暗殺和之後政爭的情形，便是這部作品的主軸。凱撒以連戰皆捷回到羅馬，為羅馬帶來了光榮，民眾以拍手喝采迎接他的凱旋。他的同伴馬克・安東尼想在集合的群眾中，將王冠呈獻給凱撒，但凱撒前後拒絕了三次。群眾感動於凱撒的謙虛，更發出高聲讚嘆。

凱撒現在已經是羅馬最有實力的政治家。但他也有一派反對者在嫉妒他。站在反對派先鋒的人，便是凱撒所信賴的布爾達司。計劃暗殺他的反對派，刺殺了前往元老院的凱撒。刺殺的地點正是凱撒所打敗的荷貝像之前。布爾達司以高潔的武將而享有很高的名聲。他站在群眾面前，說明凱撒為何必須一死，以及暗殺的大義：「我愛凱撒，但我更愛羅馬。因此為了羅馬，必須殺死凱撒。」布爾達司所講的話，被群眾所接受且讚美。但接著安東尼站在講台上，形勢逆轉。

凱撒派懼怕他，他不直接譴責布爾達司，以凱撒如何重視羅馬市民，列舉具體例子來敘述。

「他這麼愛羅馬，卻必須一死。」這是安東尼的論法。他的辯才立刻吸引了群眾的心，產生對凱撒的同情，群眾變成暴徒向著布爾達司的一派展開攻擊。

布爾達司一派成了被追逐的身分。安東尼他們這一派為了擁護凱撒，在弗里巴伊的戰鬥中追逼布爾達司，布爾達司在戰場上自殺。戰鬥由凱撒派獲勝。以上便是作品的概要。

莎士比亞編寫政權交替劇，不是以往的英格蘭國王，而是採用古代羅馬為題材，那是因為，考慮艾塞克斯伯爵這一事件而神經過敏的女王，不想給她多餘的刺激。他那個時代，沒有現在所謂的言論自由。以出版物來說，必須正式在書籍出版公會登錄。也有不經過登錄就出版的書籍，但如果內容有反叛性，就會立刻被逮捕，並不是說什麼話都是安全的。書好的基準，是以對王權柔順來判斷。戲劇界有好幾個劇作家被認為危險分子而遭到檢舉。

這部作品的創作時間，將著作呈獻給艾塞克斯伯爵的歷史學家激怒了女王，被宣告倫敦塔的終身監禁，這次事件之所以會發生，是本文中記述了從王位被放逐、殺害的理查二世，而被懷疑那是針對女王的諷刺。

莎士比亞採用古代羅馬的故事，描寫不論國家及時代的普遍性政權交替劇。實際上，像安東尼這樣具體、現實的策士，像布爾達司這樣的理想主義者，並不僅限於羅馬一國，是普遍可見的人物。布爾達司自以為掌握了人心，但群眾的心卻在一瞬間逆轉過來，這種群眾心理在任何地方都有共通點。

莎士比亞經常被稱為「穩重的莎士比亞」，他在思想上厭惡激進，可以說比較趨於保守。作品所呈現的世界，以及引起無謂的風波，表現出他愛好秩序的性格。然而，那絕不是為了諂媚體制，不處理危險話題的意思，他寫了有關先進話題的書，《凱撒大帝》便是一例。政治事件發生時，創作政治劇，但並不是拿來諷刺社會，這點保持了他作品的生命，長達四百年，而觀眾對現實的政治及政治家，也有了客觀的判斷力，不會有偏見。

當時的倫敦，戲劇是極富影響力的知識媒體，在資訊的供給媒介很少的社會中，劇場一次可以聚集數千人，將資訊合理而廣泛地傳達給人們，就變成可能。

發現這件事的人，在莎士比亞時代也不少，那便是艾塞克斯伯爵的友人。嫌疑已洗清的伯爵一派，想將女王從佞臣手中拯救出來，揭示這個正義的旗幟時，向市民呼籲參加武裝行列，向著市內前進。在政變之前，伯爵派中的數人來拜訪地球劇院，委託莎士比亞籌畫《理查二世》的公演。劇團的演員很不想表演，需支付四十先令的上演費用，是他們強烈要求的條件，結果被承諾。

伯爵一派之所以委託劇團公演，目的在於讓市民知道，國王的寶座並不是永遠可以坐得穩的。

結果，伯爵一派的企圖失敗，進行這項謀議的艾塞克斯，有城市的清教徒牧師及其他人士前往拜訪，人員出入頻繁，因此，伯爵認為市民會贊成他的行動，以為他掌握了人心。

但實際上，市民對他的呼籲非常冷淡，當作耳邊風。顯然在《凱撒大帝》中所描寫的情景，在現實中見到。伯爵被處死刑。和《理查二世》的上演有關，劇團也受到調查，認定是清白的，沒有被問罪，莎士比亞也沒有受到任何懲罰。

伊麗莎白時代末期的社會

伊麗莎白女王自一五五八年以二十五歲之齡即位以來，克服了各種問題，使王國成為一流的先進國家。莎士比亞出生後，作為創作者而成長的時代，正是她使王國繁榮的期間。

但女王的治世，到了一六〇三年便告結束，莎士比亞以地球劇院為中心而活躍的時代，社會上有令人憂慮的事情，開始瀰漫著不安的氣氛。《威尼斯商人》的開頭，寫了這樣的一節：「不知何故，我心情沉重得不得了。」社會繁榮所帶來的燦爛成熟，和迎接時代末期的沉重氣氛，便是世紀末的現象。

在社會現象上，可以說是新時代的萌芽，正逐漸開出，譬如清教徒的動向及海外交易問題。

清教徒勢力以倫敦為中心，在女王的治世下逐漸增加力量，半世紀後，終於以清教徒革命掌握了王國的主權。女王死後，王位以詹姆斯一世、查爾斯一世的順序繼承，但到了革命時，長久持續的王政暫時中斷了，實施共和制。在由封建社會轉變為近代國家之際，歐洲各國受到市民革命的洗禮，相當於清教徒革命。

在此之前，清教徒中不屈服於鎮壓抱有強烈信念的人，轉移至新天地，這一點眾所周知，這是莎士比亞離開人世後不久所發生的。伊麗莎白時代的末期，時代逐漸走向近代，不斷有新的變化，正是萌芽的時期。

王國由於海外市場問題，從此之後，數世紀間開始持續著對外抗爭。在歷史上，英格蘭王國由海外獲得領土，建立了強大的大英帝國。在此期間，法國等歐洲列強之間，展開了激烈的抗爭。

置於海外的交易中心是東印度公司，女王賦予這個公司特權，一六〇〇年設立了此公司。荷蘭、法國也競相設立東印度公司。直到十九世紀為止仍很發達。在二個世紀間，成為英國對外政策的一大支柱。而設立東印度公司的同時，目標向著近代國家，開始了激烈的領土爭奪戰。

無論你喜不喜歡，國民全體覆蓋了整個歐洲的重要潮流，因此，莎士比亞的作品也反映著這個時代。

《十二夜》

一六〇一年左右，莎士比亞創作了喜劇《十二夜》。十二夜是基督教的節日之一，從聖誕節算起第十二天，也就是復活節。到了這天，聖誕節所裝飾的東西都拿掉，貼在牆壁上的聖誕卡也都取下，也就是從節日的氣氛恢復日常的現實生活。作品中對十二夜的行事並未提及，但享受節日最後的快樂，充滿著從心底發出爽朗的喜劇性微笑。

故事的內容是戀愛喜劇。在遇難船和雙胞胎的哥哥巴斯奇分手的威奧拉，漂流至義大利的海岸。她得到船長的幫助，擔任義大利公爵的侍者，打扮成男裝，自稱為西薩里歐。公爵非常喜歡她，派她作向美麗的歐利維亞求婚的使者。在歐利維亞的邸宅中，正好她的伯父達畢伯爵及暴發戶安特里伯爵也在場。在那裏女傭瑪拉亞和丑角弗斯坦等四個人，玩弄一向稱霸的管家。活潑的四個人，經常輕蔑他們，招待不周。西薩里歐雖鍾愛著公爵，但仍身負使者的任務。但歐利維亞以為假扮成男裝的她是男生，對她一見鍾情。

另一方面，管家被假的信函蒙蔽，以為歐利維亞愛著自己。本來嚴謹老實的管家，穿著黑色的襪子，露出微笑接近歐利維亞。誰都認為他是不是腦筋有了問題，產生了種種的猜測，歐利維亞不知道巴斯奇的身分，和他結了婚。公爵以為是自己的侍者搶走了歐利維亞，憤怒地想要殺死西薩里歐，但是，最後他終於明白她仰慕自己的女孩，便下定決心和她結婚。於是，愛情的糾纏，雙胞兄妹找錯對象的問題全都解決，迎接幸福的結局。

不過，被嘲弄腦筋是否出問題，關在地下牢的管家，無法參加這個洋溢幸福氣氛的婚禮。這個管家的人物像的原型，被許多人認定是清教徒。

在這部作品中作者所描繪的幾個人物像，是演出某些事件的人。人便是表演者的想法，是作者終生不變的人生觀。

主角陷入愛情的糾紛，各種各樣的人物像陸續登場，但他們裝作宛如情人一般，故意表露出悲傷的樣子，認為這樣非常不錯。

主角本身喬裝變成男性，在這樣的設定下，如果從禁慾的嚴格主義來想，這不過是一種欺瞞罷了。不過，人在不得已的情況下，拼命地演戲。有時覺得很滑稽，但其中並沒有偽善及惡意。觀眾及讀者永遠深愛著這部作品，便是因為這個緣故。距離冷笑相當遙遠，在這裏表現出圓滿的人間世界。

莎士比亞常以女性作為喜劇的主角。這部作品以年輕的姑娘登場。她所置身的狀況，絕不是安樂的，在這樣的設定下，故事是將主角溫和、賣力的工作態度和人心聯結，創造和諧的世界，構成故事的情節。

事實上，她因為陷入解決線索的狀況而感到痛苦，然而絕不會自暴自棄，也絕不會採取粗魯的解決方法。她非常明白對自己的命運毫無力量，將所要解決的事情委諸於時間的力量，並未忘記謙虛的態度。

忍耐及深深的愛意，極富有女人味的特徵，戲劇世界被引導至難以計測的幸福。女性是寬容的，擁有深情，是超越時空的普遍性魅力，因此，這個主角無論在任何時代都不會改變，有許多愛好者。今天在各國中，這部作品經常被上演的理由，也許正是這個緣故。

《十二夜》於一六〇二年二月在倫敦的法學院上演。在此之前，已經列入宮廷及法學院的餘興節目表演過。全篇很適合作為節目的餘興節目，加入舞蹈、音樂及歌唱的小品。其中，擔任丑角的弗斯塔歌唱著：

喔情人啊，要流浪何方呢，
停下來聆聽吧，聽我的歌，
真正愛情的旋律，
可愛的人，不要走，
如果墜入情網，即使旅遊也該結束

這是聰明人都知道的。

在戀愛的混亂狀態上，添加了詩情，給予人穩重的感動。取代劇團的丑角角色柯普，加入了羅勃·亞密。作者所描繪的弗斯塔，是會唱歌又有智慧的喜劇演員，亞密被安排演出這個角色。

弗斯塔在閉幕場面所唱的歌，內容如下：「人生是無法避免下雨的，不管在什麼世界，外面都下雨。」作品全篇瀰漫著「擔心的事是人生的敵人」的氣氛，觀眾在閉幕之前享樂看戲的期間，背後也隱藏著現實，作者用這首歌來表現。但實際的現實人生存在著嚴峻及苦惱，在作品中都觸及了，這是觀眾明瞭的一點。貯蓄深深幸福感的人生的「餘興節目」，這部作品發出了美麗的光輝。

少年劇團的流行

一六〇八年以後，莎士比亞和劇團的人員同時擁有兩個劇場。一個是地球劇院，另一個便是黑衣主教劇院。後者位於佔有市內地利之便的地點。由於清教徒的立場，新設劇場在城市內建設變成不可能，況且劇團又位於最佳的位置。

當然，這本來是和哈貝茲有關的劇場。他從一六〇八年開始將此劇場作為專用劇場使用，那麼，在此之前為何不能使用，我們先來看看。

在倫敦的戲劇界，少年劇團急速流行起來。莎士比亞從事《十二夜》的寫作時，和現在的戲劇不同，當時，演員並沒有女演員，女性的登場人物通常都由男演員來表演。在變聲之前的少年演員，擔任女性的角色。然而，一般來說劇團都是大人的劇團，主要演員也都是大人。

少年劇團的全體人員都是少年，並且召集才十歲左右的孩子，在經理的帶領之下，號令一下，累積練習、演出經驗。他們所使用的便是黑衣主教劇院。以這個劇院作為根據地的，是皇家教堂少年劇團。而其他的劇院則由聖保羅寺院少年劇團所演出。對大人的一般戲劇強烈表示不同意的城市居民，對少年劇團也就更加寬容。

可愛的少年所表演的戲劇，非常有格調，很受人歡迎。而且擁有悠久歷史的少年劇團，本來是由教會的聖歌隊所組織的劇團，也是屬於教會內的組織，帶給大家安心感。進入十七世紀左右，清教的城市內也大流行了一次，威脅到大人劇團，引起一片狂熱。

但是，實際上受到虐待的待遇，少年們都接受了這種待遇。有時為了召集優秀的演員，甚至有誘拐之類的事件發生，實在可以說是非比尋常的流行。由於是少年保護的法律尚未完備的時代，少年們違背自己的意志，被強迫上舞台，強迫作嚴格的訓練，可說是名副其實的被鞭打的練習。

流行的背後，有稱為劇場戰爭的劇團之間的競爭。少年劇團有新進而優秀展現功力的年輕劇作家，分別提供新作。這在某種動機之下，彼此的作風、文體，甚至創造的技巧，都成為互相攻擊的對象，有苛薄的互相挖苦、揶揄，在作品中展開。

畢竟，都是一些無謂的爭執，但如果被諷刺，就立刻還擊。而倫敦市民對作品中露骨的爭執，都非常高興地閱讀。這便是劇場戰爭。

少年劇團對一般劇團也產生了影響。因為客人減少的現象，連宮內大臣劇團也不例外。那麼，莎士比亞如何接受這種潮流呢？《哈姆雷特》所寫的一節，稍微讓人想到他對於少年劇團的關注。咦，怎麼小孩子來演戲？誰雇用的？薪水如何呢？無法發出高聲不唱歌，就無法做演員嗎？後來長大時，如果變成普遍的大人演員時——沒有地方可以賺錢，只好這樣做——要讓他說自己工作的壞話實在太過分，他們不責備寫劇本的人嗎？

少年之中不乏優秀的演員，其中也有十三歲就擔任老人角色，受到讚賞的少年。然而，由十三歲的少年演出老人，是否存在著具有現實意味的真實主義呢？少年的演技，讓大人演員臉上無光是不容否認的事實，其演技侷限於「少年」演員的範圍，這也沒有什麼好奇怪的。

莎士比亞在《哈姆雷特》中，擔心少年的將來，但風潮在數年間便消失了。皇家教堂少年劇團放棄了黑衣主教劇院的租賃權，接著莎士比亞將它作為第二個專用劇場來使用。「只有成為大人角色」的少年演員之一，叫作奈沙・弗爾德。他後來加入國王劇團。宮內大臣劇團的稱呼，便是國王劇團，但在時間上，莎士比亞和弗爾德並未一起共事過。

莎士比亞和勁敵強生

劇場戰爭是表示培育新劇作家的事件。瘟疫流行之後，為數很少的劇作家陣容，增加了頗有希望生力軍。其中有一個叫作班強生。莎士比亞身為劇作家及演員，和班強生非常接近，兩人親密的交往，持續了很長的一段時間。

班強生小莎士比亞八歲，他彷彿追著莎士比亞一般，逐漸提高創作的能力，互相競爭起來。班強生從伊麗莎白時代到詹姆斯時代都很活躍，在英國文學史上以莎士比亞的勁敵之名，留名青史。兩人都是具有個性的藝術家。

有關兩人的相遇有一些傳說，傳說中留下了莎士比亞的故事。根據傳說，強生討厭繼承繼父的工作，成為磚瓦工人，在荷蘭當兵之後，他便投身於倫敦戲劇界。開始時以演員收入謀生，但在演技方面無法發現有何了不起的才能。

某次，由於他想將自己的創作劇本給人上演，便帶進宮內大臣劇團，劇團的人員，認為沒沒無聞的他所寫的劇本不能用，想要退回去。此時，莎士比亞湊巧知道了這件事，看了強生的劇本，認定他在戲劇方面的才華，於是支援他，強生便一躍而為劇作家，進入社會。

宮內大臣劇團也將強生的作品列入表演劇目中。一五九八年演出了《眾人習慣表露》，翌年在新建的地球劇院，公演《改正眾人的習慣》。莎士比亞作為演員，參加了《眾人習慣表露》。一六〇三年，由於強生的劇本《西茲伊那斯》，他再度站在舞台上。

從這點來說，兩人是為了節目演出成功而結合的工作夥伴。

兩人的性格可說是對照性的。莎士比亞被後世稱為「溫和的莎士比亞」，而強生的性格較為強烈。他具有非凡的才能，很有自信。為了坦率貫徹藝術上的信念，連毀謗政府的內容都寫入作品。結果，被逮捕數次。這是強生作為藝術家的態度。由於他的作品，倫敦的所有劇場遭到封閉命運也不無可能，正如前面所說過的，他的作品是劇場被封閉的一大原因。

另方面，莎士比亞是個非常溫和的人，他可說是過生活的高手，很懂得安排日子。他從來沒有受到言論統制的監視。雖對社會上、政治上的問題很關注，但不會明明白白地攻擊當事者。

他的興趣不在於實體的具象，關於他的人生態度，他描寫了幾萬人的心理，那便是莎士比亞作為劇作家的態度，但他溫和的心意向著觀眾，在作品的前言，向觀眾謙虛地致意，經常附帶說幾句下次的公演將更加努力的承諾。

像這樣的兩個人，在創作上展開完全不同的世界，並不難理解。強生對這樣的前輩詩人，將茅頭向著他。他很博學，是個古典主義者。他以遵循古典嚴格的法則來嘗試創作。然而，莎士比亞無視於規規矩矩的法則。

古典的法則，認為時間、地點及情節必須是單一的，也就是三一律的法則。莎士比亞依照這個規則所創作的幾部作品中，只有二部而已，場面轉換也依照自己的思考，自由地超越時空。

強生對這點很不認同。在《亨利五世》中，突然有說明的角色登場並說：「場面現在由英國轉換到法國，請各位用想像的。」這樣告訴觀眾，就將場面轉換掉。強生批評了莎士比亞這種作法。

但仔細來看，強生似乎是因為強烈的勁敵意識才批判莎士比亞，不過，強生對莎士比亞這位前輩詩人抱著深深稱讚的心情，也是不容懷疑的。他批判莎士比亞，是出自於藝術家氣質，這和氣量狹小不同。他對莎士比亞創作上的自由奔放有所挖苦，但莎士比亞在寬闊的自由中，使作品世界充滿了豐富而非凡的才能，這點強生倒是非常瞭解的。

莎士比亞的作品，是在作者死後由同伴們出版，那是大型且裝訂非常良好的全集。強生對這部作品集給予讚美之辭，他的話表現他對莎士比亞作品中的藝術性，有多麼正確的理解。尤其是「不是他那時代的東西，而是萬代的東西」這一行，後代的許多觀眾及讀者，都可以證明這一點。強生高達八十行的讚許，在古今中外眾多的讚辭中，被認為是最好的一篇，成為讚美同時代詩人的典範。

逐漸加深的人生

《哈姆雷特》

悲劇《哈姆雷特》的寫作時間，約在一六〇一年左右，此時期莎士比亞連續從事於悲劇的創作。初期的作品，便是這部以理想主義的青年為主角的悲劇。

這部悲劇在莎士比亞所有的作品中，可以說是最受歡迎。到今天為止，無論在任何一個世紀，倫敦及紐約的戲劇據點中，這部作品都沒有拿出來演出。在倫敦戲劇演出的歷史中，只偶爾在各種劇場上演，但只要一上演，便變成長期繼續上演的作品，演出的演員更以哈姆雷特這個角色提高其名聲。反過來說，這個角色也是身為演員無論如何都想表演一次的登場人物。

作品大約有三千九百行，由韻文及散文所構成，是莎士比亞所有作品最長的大作。

故事以丹麥王子哈姆雷特為主軸，描述他如何對父王的暗殺者復仇的經過。

開頭的場面，是在北方王國的城堡中，酷寒的半夜，父王的亡靈登場了，向主角訴苦復仇的願望。

父王死後，王位便由叔父繼承，而母親和叔父不顧時空的禁忌便結婚了。哈姆雷特因這件事而大為苦惱，每天困惑不已。終於，他下定決心復仇。為了達到這個目的，他假扮成瘋子，由巡迴演員演出暗殺國王的默劇，監視叔父的反應。看見他發瘋的樣子，情人歐菲麗亞內心非常痛苦，而且他不知道她的父親，竟殺害了對方。叔父想要收拾他，讓他出航到英國，哈姆雷特知道叔父的企圖，秘密地回國。此時，因為悲嘆之後發瘋而喪命的歐菲麗亞的葬禮正在進行。她的哥哥安利迪斯發誓要向哈姆雷特討回一命。

他的叔父想利用安利迪斯。但是，哈姆雷特和安利迪斯在宮中進行比劍。兩人扭成一團，彼此不分高下，但安利迪斯想趁機傷害哈姆雷特，兩人你來我往。這次比試中，哈姆雷特受了傷。在此期間，喝了酒的王妃倒下去。他的叔父在哈姆雷特喝的酒中摻了毒藥，而哈姆雷特也在刺殺安利迪斯的劍上塗上毒藥。安利迪斯奄奄一息，向哈姆雷特告白一切。哈姆雷特用那把劍刺殺了叔父。這樣完成了復仇，但哈姆雷特本身因毒藥循環到全身，終於斷了氣。

主角哈姆雷特是丹麥王子，並且是威丁堡大學的學生。他高貴而有智慧，比別人更有強烈的感受性。結果，他經常沈溺於冥想之中，但他的冥想不僅僅是觀念的遊戲而已。憂心於丹麥一國的將來，是身為王子的苦惱。面對不怎麼美麗的現實，自己應該怎麼辦才好，是具體的煩惱。

他雖然擁有極其矛盾的性格，他之所以被持續強烈地喜愛，不外乎意識到外界，反省自己的態度，以及純真的理想主義，呈現出青年時代的原形等原因。他為父親而苦惱，為女性而煩惱，為社會現實而苦惱，一切都感到很新鮮。他的煩惱變成種種美麗的語言，由演員的口中說出。其中，「弱者，你的名字是女人」便是很有名的一句話。

哈姆雷特像（皇家莎士比亞劇場的庭園）

這部作品在地球劇院上演，立刻獲得很大的好評。隔不多久，就出現了出版盜版劇本的商人。當時劇團的通例，上演劇本的手稿由劇團來保管，因此，受人歡迎的作品在正式出版之前，常以盜版出版。

初演主角的演員，似乎是哈貝茲。今天的哈姆雷特像，是纖細、神經質且削瘦的青年，形象已經被固定。但哈貝茲是身材矮小、略肥胖的體型。果真如此，形象就大異其趣。和安利迪斯比試的場面，王妃說哈姆雷特「喘不過氣來」。這句話有幾個意義，大概是和哈姆雷特肉很多有關的話。莎士比亞如何利用劇團的現狀來創作作品，從這點我們就隱約看得出來。

問題劇《托洛伊拉斯與柯蕾西塔》

懷著理想卻倒地而死的哈姆雷特，其模樣幾乎成了悲劇性人物像的典型。主要的登場人物，由於野心受到挫折及命運的現實殘酷，全都面臨了死亡的情節，實在是非常悲劇性的結尾。觀眾能坦直地視為喜劇，那是因為，在悲劇性的結尾中有美麗的部分，必須變成這樣結尾的必然性。換言之，觀眾對悲劇能以悲劇加以接受，這樣的完結感在其中。

和這部悲劇的創作同時期，一六〇二年左右的二年間，莎士比亞創作了難解的三部作品。《托洛伊拉斯與柯蕾西塔》便是其中之一。《皆大歡喜》、《以牙還牙》則是在它前後寫成的作品。這些都是很深奧的作品，現在都被人們以問題劇的特殊名稱來稱呼。

那麼，究竟問題何在呢？接觸作品之後，沒有告一段落的爽快感。作為悲劇或喜劇，作品中留著無法區隔的東西。結果，這部作品想要上演成功就更形困難了。今天，莎士比亞的作品上演次數非常多，但這些作品被拿出來演出的次數卻很少。然而公演有困難，並不意味著作品不好。寧可說這些作品描繪了複雜而曲折的人生觀，加深了作品世界的深度。

《托洛伊拉斯與柯蕾西塔》的故事情節，是以特洛伊戰爭為題材，以敘事詩的佈局，描寫了特洛伊王子托洛伊拉斯和情人的戀愛經過。

抒情的情節中，由於爭奪絕世美女海倫，引起了特洛伊戰爭，它本身是西洋古代世界所傳說的一大敘事。也就是說，雖是凡人，卻和奧林匹斯的諸神同席，有許多優秀的人士登場。阿基里斯、尤里西斯等人，便是這部作品的登場人物，如果是西方的人們，沒有一個人不知道他們是英雄的人物像。

莎士比亞可以說採用了理想的人物像作為題材，他的創作意圖，絕不是大方地讚美人類。對於出現在歷史上的英雄們，一面希望保持英雄，但另一方面卻又不能描繪出英雄。即使是主角的情人，彼此相愛，卻無法達到戀愛的高點。他們雖得到肉體上的快樂，那些愛情寧可說具有不安定的色彩。身為創作者的莎士比亞，當時站在捕捉現實的痛苦觀點。

作品是以古老敘事詩為材料來創作。作品的時代背景，則是特洛伊戰爭的第七年，戰況呈膠著狀態。特洛伊的都市，被英國軍隊所包圍。

特洛伊王子之一的托洛伊拉斯，不僅容貌俊美並且具有武勇。他熱烈地愛上了敵方的美麗姑娘柯蕾西塔。另一方面，柯蕾西塔內心偷偷對他懷著好感，也發現了他的愛意。不過，她難以打開心扉明白告訴他。托洛伊拉斯的哥哥赫克達是有名的英雄，為了使戰況好轉，他向敵方要求單打獨鬥。目標中的對象是阿奇里斯。但是，希臘這方不派阿奇里斯來。敵軍內部存在著同伴之間的不平不滿。希臘方面要求送還海倫，但特洛伊軍想要奮戰到底。

此時，托洛伊拉斯及柯蕾西特，由於她的伯父巴達拉斯的幫助，某個夜晚，兩人結婚了。隔天早上，新婚的兩人在巴達拉斯嘲笑他們時，希臘方面的消息來了，透過站在希臘一邊的柯蕾西塔的父親，以釋放特洛伊的武將和她交換。開始時雖然拒絕，但柯蕾西塔終於到了希臘那邊。

在敵陣中她受到熱烈的歡迎，在並排的英雄前，一一接受他們接吻的歡迎。其中，達奧密迪茲最為熱情，她接受了她的求愛。為了參加哥哥赫克達單打獨鬥前往敵陣的托洛伊拉斯，目擊到她對愛情的不忠實，感到恥辱而大為憤怒。無法穩定下來的托洛伊拉斯，發誓要在戰場上打倒達奧密迪茲。

戰鬥又重新開始，赫克達在激戰之間拿下甲冑休息，不幸被斬殺，屍體被綁在馬尾上，在戰場上來回拖曳。托洛伊拉斯也和達奧密迪茲戰鬥，但無法分出勝負。因赫克達的死受到極大打擊的托洛伊拉斯，決定回特洛伊。

以上便是故事的概要，和英雄傳說相反的，全篇極有強烈的覆滅感。

作品的開頭附有前言，其中有一節的內容曾說：「戰爭開始的部分省略了，想像能成為一場戲為止吧。」將這部作品的特徵簡潔地傳達給觀眾。

據說，實際的特洛伊戰爭持續了十年。莎士比亞所選擇的素材，是這個偉大戰爭的一部分，既非開端，也非結尾。沒有開始，也沒有結尾的中間部分，並且是戰爭慢性化的時期。陣中引起不滿之聲，同伴之間也充斥著彼此互相毀謗的現象，極其平凡、卑微的世界。人類的現實，難以明白的事情很多，日常生活中從某件事到某件事，不斷地連接著。

大體而言，是很難言喻的持續性世界。在其中沒有英雄，忽然出其不意被打敗，變成屍體被拖出去的英雄，無法報復愛情怨恨的英雄，出現在這部作品中，這些人物像，絕不是英雄。作者借用古代英雄世界的話題，但在理想的人物像的背後，描繪出人類世界的本質。

新國王及國王劇團

一六〇三年三月二十四日，伊麗莎白女王逝世。女王的治世將近四十五年，幾乎有半世紀之久。宗教改革之後，歐洲不斷在不安定中搖晃著。在法國，發生了約克戰爭，神聖羅馬帝國還留著宗教戰爭的餘波。宗教上的動搖，對政治也產生了影響。其中，只有英國在沒有混亂的情況下，往安定及繁榮的道路邁進，是女王一生賭注於全副精力所換來的。就像即位時她向廷臣所宣言的一樣，她顯然是和國家結婚，生死與共。

既然女王逝世了，國民及臣下所關注的便落在王位由誰來繼承這個問題。因為女王沒有子嗣，所以，大家的特別關心就顯得很清楚。女王在臨終之際，召集了主要的廷臣，大家正等待她的一句話。在眾所矚目中，結果詹姆斯六世被選擇繼承王位。他是蘇格蘭國王，和女王有血緣關係。約三十五歲的人物。

在詹姆斯六世的身邊，立刻有急電傳到。直到他成為英格蘭王國的繼承者為止，國王帶著一行人，慢慢享受旅途之樂前來即位。國民對於新國王的到來，以盛大的歡迎式迎接他。既沒有陰謀也沒有暗殺，他以英格蘭王國的詹姆斯一世，順利地即位。國內統一，完成了建立王國基礎這項偉業的都鐸王朝，王朝結束，也開始了史都華王朝的新時代。

詹姆斯一世

國民滿懷期待地迎接了新國王，但那種期待，不能說是想像著得到回報的結果。他雖然已經擁有擔任國王的經驗，但並不是從實際生活獲得認知而行動的那種類型。身為國王並不是實務派，自認為是「皇帝中的皇帝」，強烈倡導王權神授說。對於特定的寵臣，賣給他們商業上的獨佔權，偏愛他們。並且在宗教上、外交上的政策，不是議會應該參與的事情。陳述這項意見之後，更加深和議會的對立。

另一方面，他將《獨立王權的法則》及《香菸的反對論》等著作出版，可以說是學者性格，是具有高尚貴族趣味的理論家。詹姆斯一世對國民來說，比前一代的女王缺乏英雄色彩。

但在另一方面，他對戲劇界而言是個非常有力的保護者。伊麗莎白女王是愛好戲劇的政治家，但詹姆斯一世是熱衷於藝術的愛好者，一心庇護著戲劇。

即位之後，主要的劇團幾乎都受到王族的庇護。國王也受到國王庇護劇團的極大影響。國王物色了國內唯一擁有技能的劇團，決定成為宮內大臣劇團的贊助者，立刻發下了許可令，宮內大臣劇團變成國王劇團，重新誕生。這便是國王抵達倫敦不到二週所發生的事情。

國王經常邀請劇團到宮廷來，在御前公演。莎士比亞的作品相繼上演。《錯誤百出》、《溫莎淘氣的妻子們》、《奧塞羅》、《威尼斯商人》等作品，都曾列入宮廷的表演節目。

成為國王所庇護的劇團的專屬作家，莎士比亞可以說是劇作家中的第一把交椅。從在宮內大臣劇團開始活動約十年，他到倫敦來轉眼間已經過了二十年的歲月。二十歲開始就業的青年，以自己的膽量及新點子，不斷推出受歡迎的劇作，四十歲時，他已穩居先端業界的頂尖位置，執業界的牛耳。

服侍於國王的身分，對莎士比亞的生活產生了新的變化。身為國王的僕人，以前從來沒有的業務也加諸他的身上。有時接受國王的命令，擔任重要外交使節的招待，準備表演節目。

一六〇四年，西班牙大使到英格蘭宮廷拜訪。兩國之間的關係，雖然算不上很穩定，在各外國為數不少的來訪者中，也是重要人物之一，英格蘭宮廷必須非常注意對應。這位大使一行人，在十八天間接受了劇團的招待，莎士比亞也是其中的一員。外交上的折衝由宮廷最重要的大臣羅勃・塞西爾負責重要會議。

從一六〇三年至〇四年，倫敦再度受到瘟疫大流行的襲擊，市民七人中就有一人喪命，程度不輕。

這是一個非常嚴重的危機。劇場被封閉，再度面臨必須忍受困難的時期。國王在此時讓劇團到宮廷演出，賜給他們三十英鎊。為了有效維持劇團的生命，王室的浪費在議會受到批判，但對戲劇界而言，卻成為一大援助。

戲劇的動態也配合著時代的變化。國王喜好華麗的假面劇。他讓強生成為宮廷的假面劇作者，從事假面的創作。在舞台創作方面，有位尹尼可・喬治展現了他的才幹，此人初次將額緣舞台引進英國，成為今天一般的戲劇，創造出一股新的戲劇潮流。莎士比亞並未創作假面劇，但是，他敏感地察知戲劇的動向，相繼將新的要素寫入作品中。他後來作品群中的幾部，便瀰漫著假面劇的氣氛，眼光向著新型態戲劇的可能性，這點是原因之一。

假面劇的演出需要龐大的費用，對國民的日常生活來說，是浪費的支出。不過，國王瞭解了戲劇的樂趣，從這裏新的戲劇便開始萌芽了。

《奧塞羅》

喜好戲劇的國王所贊助的劇團，以前都在宮廷公演。當然，莎士比亞的作品也上演了數次，舊的作品也拿來演出，但新的作品一直在創作中。《奧塞羅》便是其中一部作品。

一六〇四年十一月一日在白金漢宮上演了《威尼斯的牧羊人》，這便是《奧塞羅》。莎士比亞創作的時間，是在上演前不久。《哈姆雷特》描繪了有理性的理想主義型的青年，在《奧塞羅》中，作者則創造出一個生活於豐富情緒世界的中年男性。這部所呈現的是個人愛情生活上的問題。主角奧塞羅被設定為軍人，但作者並未描寫他在軍事上、政治上所採取的行動。他雖位居將軍的要職，但對於個人的人生具有更強烈的興趣。

他理想中的人生，是和深深愛情結合在一起，過著適合自己的生活。但卻出現了嫉妒他的人。重視個人的愛情是永恆不滅的主題。同時，愈貴重的愛情愈容易毀壞，具有悲劇性，這也是普遍的認識。因此，這部作品具有直接訴諸觀眾心情的力量，這也正是這部作品數度被拍成電影的原因。也成歌劇作品，不僅是戲劇迷，廣泛地吸引了各階層的人士。

作品的舞台設定在義大利，是東洋和西洋的接點，且交易繁榮的威尼斯，而國家的守備由牧羊人的傭兵將軍擔任。這位將軍是主角奧塞羅。威尼斯堪稱是國際商業都市，地理上暴露於東方大國土耳其的威脅中，優秀軍人奧塞羅，被賦予將軍的要職在此固守。

創作這部作品時，莎士比亞所參考的原典是《一百個故事》這本故事集。這是他出生的第二年發表的作品，作者是義大利作家強班尼・茲拉迪。莎士比亞對這本以故事為素材的故事集非常喜歡，曾有一度將它採納於自己的作品裏。原典的故事，是充滿肉慾及操縱慾淒慘的殺妻故事，但他賦予主角高潔的人格，以及複雜的心理糾葛，他被塑造成因嫉妒而痛苦不已的悲劇人物。

威尼斯的守備將軍是奧塞羅，他出身是摩爾人，靠著自己寬厚的器量，以及作為武人的實力，過著充滿風波及冒險的半生。站在為了威尼斯的平安而服務的立場，但究其原因是王侯的血統。人格優秀，高潔而勇敢。威尼斯的貴族們也認為他是優秀的人物，對他非常信賴。

他秘密結婚的妻子，便是元老院議員布拉西奧的女兒塔茲達莫娜。和他的女兒結婚，並且對象是奧塞羅，布拉西奧因而異常憤怒，強烈排斥奧塞羅，向元老院及公爵控訴。然而塔茲達莫娜本身十分相信奧塞羅的人品，深深愛著他，她向人們說，這是她親自選擇的婚姻。

就在此際，知道土耳其來襲，奧塞羅趕忙出動到吉布羅斯。愛慕丈夫的塔茲達莫娜追著後面，也前往吉布羅斯。

另一方面，奧塞羅的部下尹亞可，對奧塞羅不選他為副官而感到不悅。而且他也嫉妒奧塞羅和美麗的塔茲達莫娜過著完美無缺的愛情生活，他向奧塞羅謊稱塔茲達莫娜和副官基西歐有暗通款曲的跡象。奧塞羅不太理會這項傳言，但尹亞可不斷巧妙地攻擊過來。在作品中，正好在中間的三幕三場都用在尹亞可籠絡奧塞羅的場面上，這個「誘惑的場面」，相當著名。

在這個場面中，奧塞羅終於相信妻子的不貞。作品的後半部主角所體驗到的是，疑惑或想加以否定的渴望。在這樣糾葛的地獄中，他懷疑妻子，懷疑婚姻，更因懷疑自己的人生價值而大為苦惱。他逐漸迷失了自己，將躺在床上的塔茲達莫娜殺害。不久，尹亞可被捕，終於揭開妻子不貞是沒有事實根據的謎底。奧塞羅想起遙遠過去的種種回憶，親自以短劍刺殺了自己，結束生命。

這部作品從幕啟至閉幕的時間，只有三天而已。在極短的時間內，發生了各種事件，但是，觀眾幾乎沒有感覺到時間過去。主角兩人相愛的純粹愛情，以及對它的破壞，寧可說被封閉在永遠的時間中。舞台閉幕之後，不久離開威尼斯現實的喧囂，移到基布羅斯，目的是要將主角心理上的糾纏作為重點。

奧塞羅被疑惑所困擾，逐漸地，成為一個孤獨的人，對作品世界投下苦惱的陰影。同時，薄倖的塔茲達莫娜的下場，也讓觀眾有難以忘懷的悲哀，宛如預感到自己的死亡一般。就寢前，她唱著歌，那是不求回報的純情之愛所受到的內心哀傷。這首歌稱為「柳樹之歌」，打動人們的心扉。

可憐的姑娘坐著，在卡伊迪嘆息著，

唱吧，蒼鬱的柳樹，
手放在胸前，膝蓋放在頭前，
唱吧，柳樹、柳樹、柳樹，
漂亮的小河就在旁邊喃喃低語著姑娘的悲嘆，
唱吧，柳樹、柳樹、柳樹，
那姑娘流眼淚時，連石頭都悲傷得哭泣，
唱吧，柳樹、柳樹、柳樹，
柳條便是我的髮飾，
不要責備那個人，因為是我的緣故，
向那人說謊時，他如何回答呢？
唱吧，柳樹、柳樹、柳樹，
我若是和女人睡覺，妳也和男人睡覺吧。

《李爾王》

從事四個悲劇的創作時，對劇作家來說是莎士比亞的巔峰期，他絕不讓時間空閒下來，陸陸續續產生作品，不僅如此，各部作品中，包含了廣遠深大的精神世界。除了英國文學之外，即使展望世界文學，像他這樣一位作家，卻有質量如此充實的創作活動，實在是稀罕的例子。對於愛好文學的人們來說，此時期是非常難能可貴的幾年。

可能是一六〇六年這一年，莎士比亞創作了悲劇《李爾王》，這是描寫不孝子女的悲哀，以及渾身筋骨被折磨殆盡的老人故事，莎士比亞從年輕時起就對描寫老人有興趣。由於演員全部限於男性的關係，老人反而比老嫗容易表演，雖是老人，但那時代的老人顯然比今天的老人年輕，如果以長壽社會來考慮，可以說是像中年般的感覺。然而，在許多作品中，這些人物登場了。他們雖然沒有直接參與主要的情節，但在遠景的重要地點被安排著，使作品世界增加了光彩。無論男女老幼，作者手法是在作品中描繪現實世界。李爾王在這些老人像中，可以說是最偉大的登場人物。

要創作作品時，莎士比亞再度參考了種種書籍，各種原典的來源，是中世紀以來以傳說式故事流傳下來的故事。一位名叫雷亞的人物，便是這部作品主角的原型。在此之前的數世間，相繼被作家採用的人物像，莎士比亞再度考察，補強而塑造出來。雷亞王初期的作品，是描述將王國分割的雷亞王，因三個女兒中的女兒對他不孝而深感苦惱，但最後恢復了王位，可以說是喜劇收場。

莎士比亞卻將它更改為悲劇性的結尾，他所描寫的李爾王去失了王位，在一連串的辛酸過程後，只好面臨死亡的到來。另外不同的情節是，最小最純真的女兒也被無辜的殺害。他所描寫的是毫不容情的殘酷現實世界。這種寓意、傳說的世界，到了莎士比亞，以活生生具有生命的人類世界來完結。

此時，莎士比亞是四十二歲。他本身即將進入初老的年代。主角李爾以八十歲的老人登場，莎士比亞的父親逝世時享年七十餘歲，以那個時代來說，已是相當高齡，從這點可見，八十歲可以說是非常高齡的年齡設定，在當時算是人瑞級的老了。

另一方面，也可以說不可能實現且脫離現實的高齡。然而，設定成比自己四十二歲的年齡多上一倍的年齡，可以說是象徵的老年人。作者為何將主角設定為八十歲，現在只能推測而已，但也許正是因為這個理由，事實上，作品中是以主角個人的性格引發一連串的事件，描繪了普遍老人的種種情況。主角是劇中的一個登場人物，但從某種意義來說，同時也描繪出人生終局時的情況。

故事的主要主題之一，是子女的背叛。為了強調這點，這部作品採用「雙情節」的手法，由主情節和副情節的兩個故事所組合的形式。在這部作品中，以兩個女兒背叛李爾王的悲劇為主情節，被兒子所欺騙的庫洛斯塔伯爵的悲劇為副情節。

李爾王是不列顛的老國王，想要靜靜度過餘生的他，決定將國土分給三個女兒。三個女兒之中前面的兩個女兒，以巧妙的口吻敘述對父親的愛，因而獲得領土。但最小的女兒柯蒂莉亞，無法在言詞上討得父親的歡心，承諾對父親孝順。激怒的李爾王，將身無分文的柯蒂莉亞趕出去。忠臣科特伯爵想要說情，但他反而因而受到放逐國外的宣告。柯蒂莉亞接受了法國國王的求婚，離開故國。李爾王帶來了一百個騎士，宣言說他將在剩下的兩對女兒女婿的邸宅輪流逗留。

另一方面，李爾的家臣庫洛斯塔伯爵，有兩個兒子分別是愛德華及艾德蒙。弟弟艾德蒙頭腦清晰，容姿端麗，但是，他懷恨自己是私生子。他以計謀讓父親相信，哥哥有暗殺父親的企圖。於是，庫洛斯塔派人追捕，準備狙擊愛德華的性命。

李爾開始在大女兒、二女兒的邸宅生活，但她們冷淡地對待他。她們在背後偷偷說好，要折磨年邁的父親。李爾經驗到想像不到的悲哀及痛苦，他作為國王的自尊以及作為父親的自信，不知被撕裂到什麼程度。一百個侍從變成五十個、二十五個……逐漸減少，終於連一個也不剩。並且在狂風暴雨的夜晚，在沒有任何樹木的荒野，他被放逐了。

為了不喪失身為國王的自尊，他拼命地站起來，逐漸發狂的李爾，向狂風暴雨挑戰。在暴風雨的荒野中，瘋狂的李爾的心像風景，和自然界的情形相對抗、相呼應的場面，是全作品最著名的部分。

在暴風雨中，李爾遇到了裸著身體、全身溼透的瘋子乞丐。跟隨李爾的只有兩個部下，曾經以威儀誇耀的李爾，在大自然之前只不過是一個人罷了，他和發瘋的乞丐是一樣的，在暴風雨的夜晚，他領悟了人間的真理。

另一方面，想要拯救李爾的庫洛斯塔，也有悲慘的經驗正等著他。受到艾德蒙密告的李爾的次女莉卡，將庫洛塔斯綁在椅子上，和她的丈夫一起用指甲將伯爵的眼球挖出來。後來庫洛塔斯被趕出來，艾德蒙繼承了父親的伯爵之位。被趕出自己家門的庫洛塔斯，瞎了眼之後才看清了一切的真相，他沿著愛德華的道路走去。此時，想要拯救父親的柯蒂莉亞率領了法國軍隊登陸。

不列巔的軍隊也由艾德蒙率領集結著，照顧發狂的李爾王的部下，其實是喬裝的科特伯爵，他想將李爾送到柯蒂莉亞那裏。不列巔軍和法軍的決戰開始了，但法軍遭到慘敗。艾德蒙迅速地逮捕李爾及柯蒂莉亞，將父女兩人關進牢裏。由於爭奪艾德蒙的愛，莉卡和姊姊柯內麗爾彼此互相憎恨。在戰場的陣地中，柯內麗爾趁機毒殺了莉卡。

因獲勝而得意洋洋的艾德蒙，以及為了要得到愛人，不惜將妹妹殺害的柯內麗爾，顯然象徵了人的權力慾及情慾。但是，穿著盔甲、隱藏著臉的一個騎士，向艾德蒙挑戰。艾德蒙接受挑戰站了起來，但終於被那陌生的騎士擊倒。這個騎士，正是假扮成瘋子乞丐以逃避追捕的哥哥愛德華。

臨終前的艾德蒙告白說，自己曾發出命令讓部下殺害關在牢中的李爾及柯蒂莉亞，然後斷了氣。愛德華雖火速派人前往營救，但為時已晚。李爾抱著柯蒂莉亞的屍體出現。他將絞殺她的男人殺死，從牢獄逃出。

轉變及瘋狂的結果，和柯蒂莉亞的和解，對李爾來說有如從天而降的喜悅。「我們就單獨像籠中的小鳥般歌唱吧！」被拖進牢裏時，李爾的心情充滿了一片安詳，在這句話中表露無遺。但是此刻，他最後的安詳又再度被剝奪了。「狗、老鼠沒有生命，但你現在已不再呼吸了嗎？不再回來了嗎？」這便是李爾對柯蒂莉亞所說的最後一句話。

這部作品於一六〇六年十二月二十六日在詹姆斯一世的宮殿作御前公演。擔任李爾王這個角色的演員，是哈貝茲。在國王的面前，國王欣賞了國王最後死亡的辛酸故事，不准他們演出，從這點看來，新國王的宮廷可以說極富有雅趣。這部作品無論在宮廷或那個時代，都深為人們所接受。

究竟當時如何演出呢？總之，這部作品的上演被判定是不可能的。理由不一而足。

其一，是主角轉變的世界落差太大。換言之，李爾所迷惑的精神世界幅度太廣，演員需要有非常優異的演技。今天在世界各國，莎士比亞的作品可以說是保持不斷上演的狀況，但這部作品的上演次數意外的少。

其他的理由是，這部作品所呈現的人生觀十分灰暗。人畢竟是裸著身體的兩腳動物，這是人的原始面貌，即使是一件衣服，也已經是社會性的，可以說是人為的。人類社會中無論任何人，都在累積人為而成為人。更簡單地說，人的一生不外乎一個結論：「這世界一切都是舞台，男男女女都是演員。」而李爾在這些演員中，是最成功的人物像。他想脫掉自己的衣裳，而在社會上喪失了自己。將王冠讓給女兒的那瞬間開始，他自己本身變成了「影子」。

他以女兒們的迫害為契機，追求作為人的自然形式，但這同時也傷害了作為社會性存在的願望，作者描繪了他被否定、被抹殺的過程。李爾王的悲劇，正是想要成為社會性的存在，卻無法如願而絕望至極。

作品的結尾有各種意義，解釋的方法因人而異，非常自由。但是，從結尾看出任何明朗之處的人，大概一個也沒有。

李爾偶爾出現激烈的衝動，幾近瘋狂，那也是因為有感於生命即將消失的焦慮。也有不喜歡如此結尾的人，因此，從十七世末到十九世紀半這一世紀半間，這部作品已和原作不同，被改編為幸福的結局來上演。也許那時代的人們，無法接受否定主角存在的作品世界觀。

那麼，究竟今天又如何呢？作者不輕易追求伴有安心感的結尾，遠遠超過羅曼基可的觀念性結尾，貫徹嚴峻的人性觀察。結果，使這部作品呈現出少見的廣大世界。

《馬克白》

在《李爾王》的前後，莎士比亞創作了另一個悲劇，《馬克白》便是這部作品，是他所有作品中最短的一部。和《李爾王》相比，篇幅雖短，但卻是以大膽手法描寫主角心理的佳作。

全篇所到之處，有許多魔女、幻影、亡靈等超自然的人物登場，具有傳說及神話等豐富想像世界的時代，魔女、亡靈在人們的生活是日常親近的東西。但這部作品雖出現了許多虛虛實實的人物，卻並不代表作者相信這些東西。他很仔細地洞察出人們信仰靈異事物的心理背景，塑造出具有豐富感受性的主角。佛洛伊德利用夢來分析深層心理，這個主角所看見的超自然現象，正代表了他的內在世界，從這意義來說，這部作品具有極其近代性的特徵。

主角馬克白為了完成野心作出種種暴行，結果卻自我毀滅的人物。故事的情節，大致由以下的事件所構成。

馬克白是和蘇格蘭王有血緣關係的優秀武將。他和武將巴克在從戰場回來的途中，看見不可思議的東西，那是令人毛骨悚然的三個魔女，她們預言他將來能

皇家莎士比亞劇團《馬克白》的某個場面，馬克白及馬克白夫人

得到王位，而王位將由巴克的子孫所繼承，然後消失於空中。

他在無法掌握預言真實與否的情況下，國王達卡來拜訪他所居住的城堡。魔女所預言的事情，馬克白夫人已從丈夫的來信中得知，企圖想要激奮丈夫的心情。

那天晚上，國王被暗殺了。馬克白雖決心要實行暗殺計劃，但在晚上的數小時內一直苦惱著。那是因為，事先決定在某時候行動的人物，在此之前的瞬間也無法忘記他的狀態，同樣地，他因一味要殺死達卡，被不安及決斷所苦惱。翌日早上，國王被暗殺的事情被發現了。城內引起了大騷動，國王房間的兩位侍者被認為有嫌疑，馬克白將他們視為兇手殺死。

他現在已經依照魔女的預言，成為國王。達卡的兩個兒子因為父親被害，偷偷藏匿到國外。但馬克白又有了另一個不安，好不容易得手的王位，恐怕會被巴克的子孫所奪去。他雇用了暗殺者，實行殺害巴克的計劃。而在此期間，宮殿舉行了慶祝新王登基的宴會，臣下們共濟一堂。馬克白突然在席中發言，說他看見了巴克的亡靈。臣下之間逐漸開始懷疑他。

馬克白為了能安心地坐擁王位，任何事情都毫不躊躇。他再度接受魔女的預言，那便是沒有人能打倒馬克白，除非是巴那姆的大森林有所動搖，他絕不會被消滅。他也暗殺了不服從自己而逃亡的武將馬克塔夫的妻子。同時逃亡到國王的先王的兒子，發兵準備打倒馬克白，終於展開決戰。馬克白的軍隊處於不利的形勢，但他相信預言，繼續戰鬥。就在此際，馬克白夫人斷了氣。精神狀況不正常的她，因為妄想而深為痛苦，結果終於不治死亡。這只是時間的流動中被預先安排的一個結果而已，馬克白一直這樣想。但此時，巴那姆的森林開始動搖了，有報告說傳令已來到。

懷疑自己耳朵的馬克白，絕望而激烈戰鬥著，和馬克塔夫交手，他直到此刻仍相信，自己絕不會敗給任何人的預言。馬克白認為自己不會被刺傷，但是，他卻被馬克塔夫打敗，砍了首級。巴那姆的森林之所以動搖，是因為兵隊砍了樹林的樹枝，掛在頭上進軍的緣故。而且，馬克塔夫在被女人生下時，因為不足月所以剝開母親的肚子而出生。於是，馬克白的野心就這樣被粉碎了。

在這部作品中，透過全篇，魔女的預言擔任了重要的角色。那麼，這些預言究竟具有什麼樣的意義呢？我們可以想像到種種事情，其中之一便是，聽了魔女的預言，馬克白決定了人生的目的，一旦決定了目的，人在某一時間之前會努力於達成目標，和時間的競爭就由此開始。

事實上，馬克白這位主角想在自己的人生時間中完成困難的目的，經常被慾望所追逐著。「幹掉他，那麼一切就結束了，趕快幹掉他比較好。」他這句話確切地表達出，意識到時間的流動而生活的人的樣貌。然而，意識到時間的流動，拘泥於此的人，難道有真正解放獲得自由的人生嗎？

名副其實像從斜坡翻落下來，接二連三累積了種種惡行的主角，結果，他終於體悟到，自己無法掌握真正的自由，以及自己的人生。聽到妻子死訊所說的那一節，正表示主角有了這種認識，那是全篇中最美麗的詩句，在莎士比亞其他所有的作品中，也成為「明日演說」，受到人們的喜愛。

明日復一日，又一日，
明日又一日，以小小的步伐邁著，

抵達規定的時間的最後一小段。
昨日愚蠢的人，人變成塵埃的死亡之路照過來。
消失吧，消失吧，瞬間的焰火！
人只不過是走路的影子罷了，可憐的演員，
在舞台上的時間中，裝模作樣走來走去地叫喊著，
但輪到某人時，他便得靜靜地退下來。
白痴所說的話，只有聲音及憤怒而已，
但卻不具有任何意義。

莎士比亞作品中的登場人物，常被認為沒有所謂的「下三濫」角色。不管他要描寫什麼樣的人物像，他都一定會使那人物充滿了真實的存在感。登場人物各個被賦予適合自己的語言，活生生地呈現在讀者的眼前。這點非常好，縱使是犯罪的人物，之所以能引起千千萬萬人的共鳴，是因為作者站在善惡的彼岸，毫不保留地描寫人生真相的態度，變成真正深深的同情呈現在作品中的緣故，超越了道德上、倫理上的價值判斷，作品的意義即在於此。

莎士比亞在這部作品中，第一次採用了蘇格蘭歷史作為題材。其藍本是霍里

西特的《歷史記》，和《李爾王》一樣，這部作品也曾在宮廷上演。國王是蘇格蘭出身，如果追溯那時代的話，巴克便是他的祖先，顯然可以說是一個題材不錯的話題。

如何瞭解時間，是現代文學中一個很大的問題，許多科幻作品及幻想性的小說，便是由此產生出來。無論任何種類的作品，其根幹是在生活中不斷意識到時間的近代人的樣貌。馬克白是敘述將近四百年前的古代所產生的人物，從這個意義來說，也可以說是近代人的先驅。

作品大約創作於一六〇六年，《馬克白》創作結束時，現在被稱為「四大悲劇」的四個悲劇就全部完成了。這部作品的主角大約是中年人，從哈姆雷特開始到李爾為止，他完成了有關青年、中年、老年的悲劇。

引起風波的大海染成血色

語言隨著時間的經過，逐漸表現新的形象。以前只通用於小範圍的語言，擴大了涵蓋的意義，變化成豐富的意義。常因為某句話，展開了新的時代。

莎士比亞是賦予語言新的形象的詩人，在這裏試舉一例。

《馬克白》的主角是具有極其豐富想像力的人物，在全篇展開了種種空想的世界。而他以短劍刺殺了和自己有血緣關係的國王，而且國王完全相信他，他自己本身充分瞭解這點之後，將他殺害。自然地，實行暗殺計劃之後的馬克白，對於自己的行為想要掩飾過去，但永遠無法洗清的污點留了下來。好像象徵什麼似的，馬克白這樣說：

賭注奈波奇恩所有的海洋，
是否能洗掉手裏的血腥呢？不，寧可說引起風波的大海染成血色，
使綠色變成深紅色。

莎士比亞在這一節中，以大海的綠色和血的深紅兩鮮艷的顏色作對比，來解明主角心裏痛苦的程度。在這裏他所使用的「染成血色」這個單字，以前是「淡桃色」或「肉色」之意。但由於這一節中，和殺人的血結合在一起，將清淨及生命的象徵——大海洋，也變成因不淨之罪染成紅色之意。馬克白再也沒有得到救贖的機會，這種強烈的形象，令人印象深刻。

在這部作品之後，「染成紅血」是這個單字被賦予的新意義。英語原本是柔軟的語言，看了其發展過程，也是拉丁系的語言和北方的語言交織著，才形成現

在所使用的英語的基礎。莎士比亞出生於這些語言更為成長的時代，於是他創造了以往所沒有的語言，增加其豐富性。

接觸莎士比亞的作品的快樂之一是，他的語言極其豐富。接二連三無限擴大的意象，唸時更可得到微妙的痛快感，如果接觸了他的作品，任誰都會感覺到這點。

長女絲莎娜結婚和黑衣僧侶劇團

一六〇七年長女絲莎娜結婚，對方是一位名叫約翰・霍爾的醫師。絲莎娜約二十歲左右，霍爾則是三十歲左右的名醫，是風評不錯的人物。在劍橋大學取得碩士學位的霍爾，後來曾出版了臨床病例集。對研究十分熱心的他，對患者很誠實，從一般庶民到貴族，都樂意接受他的治療。

兩人的婚禮在聖三位一體教堂進行。莎士比亞的一生，在倫敦工作的時間非常長，然而，他從未忘記過史特拉夫德。在自己受洗的故鄉的教堂，看著女兒立下婚姻的誓言，對這樣的情形，他心裏究竟作何感想呢？

在這個時候他已經買下了史特拉夫德附近的幾筆土地，在故鄉的村莊的時間也比以前更多。然而，他並不是停止倫敦的一切活動，在一連串的悲劇及問題劇創作完畢之後，他繼續積極地從事創作活動。在倫敦以黑衣僧侶劇場的劇場作為第二個活動活動據點，展開了新的活動。莎士比亞也一面增加在史特拉夫德的交涉活動，對於劇團的新局面，開始了創作活動。

國王劇團從一六〇八年左右開始使用黑衣僧侶劇院。現在不用說當時的劇場已經不在了，但在倫敦的地下鐵，留有「黑衣僧侶」這個站名，位置大約在現今倫敦附近，雖然這個大都市一直成長著，但古老的站名彷彿告訴著人們：莎士比亞曾來往於此。

黑衣僧侶劇院和地球劇院最大的不同點，是它蓋了屋頂，也就是成為室內劇場。本來已經被廢止的修道院大廳，哈貝茲的父親將它修改作為劇場之用。長六十六英呎，寬約四十六英呎，大約二十公尺、十四公尺這麼狹小的空間。中央向著天空，和地球劇院大不相同，這裏用了臘燭作為照明，觀眾席約七百個座位，約只有地球劇院的三分之一或四分之一而已。

觀眾階層也是以宮廷人士及知識份子居多，也就是一般說來比地球劇院更多來自上流社會的人士，到這裏來觀賞戲劇。實際上，它的入場費特別高，因為有屋頂和外界隔開，形成一個隱密、親近的空間，看戲並不是站著看，而是放著椅子，是水準頗高級的劇場，但主要在冬天使用。

由於得到了「黑衣僧侶」這個室內劇場作為演出舞台，莎士比亞改變了怎樣的作風，這是難以說明的。他們這個劇團也仍然使用地球劇院，因此，他必須創作出適合兩個劇場觀眾階層的戲劇。然而，從此之後的作品，他都考慮如何寫才能在室內演出時更有效果。

從這段時期前後到晚年所創作的作品有《埃及艷后》（一六〇六、七年）、《雅典的達伊莫》、《柯莉奧伊娜絲》、《波里克利茲》（都是一六〇七、八年左右），還有《西貝里》（一六〇九、一〇年左右）、《冬夜的故事》、《暴風雨》（約在一六一一年左右）。尤其是《波里克利茲》之後的四部作品，都是透過悲涼、無限溫柔、和解的作品世界引導故事的展開，被稱為「浪漫劇」。

的確，浪漫劇是以悲劇開始，但最後變成喜劇，全篇由悲喜劇所構成。苛酷而毫不留情的悲劇情節都已描寫殆盡的莎士比亞，以此時期踏入了更安詳、澄明的世界。

《暴風雨》

在莎士比亞的活動中，不同於伊麗莎白王朝其他劇作家的是，他所有的作品都幾乎被認定是單獨創作的，當時共同創作是一般的情況，但莎士比亞以合作的方式所寫的作品並不多，因此，他的每一部作品的累積，可以說是身為劇作家的莎士比亞人生經驗的累積。

《暴風雨》是莎士比亞所單獨創作的最後一部作品。這部作品可以說儘可能地凝聚了戲劇的趣味，作品之中到處可見音樂及詩歌，也有舞蹈。這些部分像貴重的寶石鑲在作品裏，使作品世界發出光彩。

他採用宮廷所流行的假面具形式，也大膽地設定登場人物，不僅是人類世界可能存在的人物，連空氣也登場了。作為主角的手下而服侍他的空氣的精靈，未開化之島不知名的原住民，都成了書中人物。以幻影出現的希臘•羅馬女神，以及傳說中的怪物，圍繞著主角而活躍著。無論是人類精神的宇宙，或自然界的宇宙，在莎士比亞逐漸擴大成為自由自在的大宇宙。從古代神話的世界到新大陸為止，廣大無際的全部時空裏，都有他的心在自在地馳騁著，構築了他的作品世界。

故事是描寫在無人島生活的主角回到故國米蘭的情形、關於戲劇的寓意、對人生的省察。從這個意義來說，這部作品稱得上是莎士比亞以往作品的總結。

作品的來龍去脈由一個未開化的無人島展開。莎士比亞一向作為場面設定的背景，有了時代的新氣息。十七世紀的初葉，英國及歐洲的列強諸國，由於進入積極開拓新大陸殖民事業，及擴大國家財富的新局面，和奧地利及法國並列，英國也向著美洲大陸及西印度群島派出開拓殖民地的艦隊。莎士比亞的眼光，也向著這些新的國家事業。組織艦隊雖只是出航，但當時的航海圖尚不完整，可以說是暗中摸索的冒險行為。國民強烈的關心都轉移到航行的結果。有時船隻遇難無法回國，身為一個戲劇人，莎士比亞的身邊也常有航行的消息傳來，莎士比亞都抱持高度的興趣一一接受，將它們化為作品的材料。

一六〇九年，為了開拓維吉尼亞的殖民地，派出一隊艦隊，中途遇到了暴風雨，發生了船難事件。艦隊中的「海洋冒險號」和其他的船隻脫離，只有一艘漂流到孤島。而這個未知的島嶼便是百慕達。幸好因為這個島嶼氣候良好，船員在島上生活了約十個月，翌年終於回到國內。他們的生還引起了一陣大騷動，本以為早就凶多吉少的船員，竟能奇蹟性地生還，國民都感到興奮無比。

船難其中的一名船員，出版了他在島上的體驗記。莎士比亞大概也閱讀了這本書。《暴風雨》所描寫的無人島，可以見到根據這本體驗記的部分。而莎士比亞在這部作品中所描繪的喜悅，最重要的是與失去的人能再度見面的人間溫暖。晚年所創作的作品，並沒有像四大悲劇那樣充滿活力的戲劇世界。但是，為了和解的幸福之美，這部作品一直深受大家的喜愛。

第一幕是在狂風暴雨的海上展開。暴風雨中，載著拿坡里王子及米蘭公爵的船隻遇難了。其實，暴風雨是主角普羅司貝洛以魔法之力引起的，看了船上人員的苦難，普羅司貝洛的女兒蜜拉塔流著眼淚，對著她，普羅司貝洛第一次說出自己的身分及來龍去脈。那是十二年前米蘭宮廷裏圍繞著權勢所發生的背叛故事。

專心於學問的普羅司貝洛，將國事委託給弟弟安東尼，結果，他的公爵爵位終於被奪去，和年幼的女兒一起乘獨木舟漂流在海上。從前的敵人，現在正落在自己的手中，聽見這個情形的普羅司貝洛，以研究學問所獲得的能力，將他們引導到和解的結果，敵人在島上遇到種種困難之後，最後，恢復了身為人的謙虛之心。好不容易敵我雙方再度重逢，達成和解。

蜜拉塔和拿坡里王子結婚，人們懷著無比的希望瞭望著新的世界，普羅司貝洛也恢復了米蘭公爵的本來身分。以上便是大致的內容。

在作品中，莎士比亞參考了蒙田的《隨想錄》，寫了數行有關「理想鄉」的內容。交易、法律問題都沒有貧富的差距，也沒有學問、勞動的社會，人無論男女，在自然的狀態下無心地生活著，描繪了這樣的共和國景象。

蒙田本身剛好生於中世紀和近代之間的思想混亂期，對於人類存在的內省及社會的現象，繼續反覆的摸索，是文藝復興期法國的思想家。他最後肯定了人類的生命，他向著人類內省的眼光，之後被許多人繼承下來，成為一個時代的先驅者。《隨想錄》於一六〇三年被譯成英文。莎士比亞眼光向著這個新的思想，將它採納入作品裏。

然而，他並非立刻同意以新知識來作為作品的主旨。作品中描繪理想鄉的一節，由登場人物老柯薩羅以社會的典型來敘述，但從他口中所說出的話，被其他的登場人物所否定。否定的根據非常露骨、現實這點，不能一概而言是拒絕的否定。作者不會為事物本身作結論，他作品所提示的東西也是充滿摸索的世界。如果作品中有結論的話，那作品世界只是讓我們見到現實世界的一個側面而已。

莎士比亞因為不是一位思想家，想從作品中得到對什麼有用的想法，可以說是徒勞無益的。然而，眼光向著人類心理的深處，含有對人類世界的摸索，和其他的思想家一樣，他站在近代的入口處，堪稱一位偉大的人物。

這部作品藉著想從舞台正面退引的老人，描繪了人生及和解的情形。普羅司貝洛雖然遭遇了苛酷的悲劇，但他不拘泥於無謂的復仇及怨恨。在取回公爵之位之後，他所敘述的希望，是餘生只準備進入墓地的謙虛態度，從這裏所展開的已經不是充滿世俗性慾望的世界。主角的一生在悲劇的末尾經過淨罪終於達到明澄的世界，作一個總結。《李爾王》所描繪的人生溫和的結尾，在這部作品中也具備了。

正如前面所說過的，這部作品有形形色色的登場人物出現又消失。其中主角的女兒蜜拉塔，是位純真無邪、溫柔的女孩，使容易變得陰暗灰沉的作品增添了明朗的氣氛。遇見世俗的人時，她呼喊著：「人多麼美麗啊！有這樣的人實在是美好的新世界！」對瞭解現實困難的讀者心理，給予了勇氣及希望。

但另一方面，這句話也表現出包括這部作品的嘲諷，她現在所要進入的現實世界，並不一定真像這句話所說的那麼美好。二十世紀的小說家阿道斯•赫胥黎便是著眼於此點的人士之一，他創作了《美麗新世界》。這個書名可能是由蜜拉塔充滿希望的這句話而來的，但內容是敘述被機械文明戕害而失去人性的悲慘社會，是一部具有強烈嘲諷觀點的文明批判小說，赫胥黎受到許多讀者的推崇，被譽為「二十世紀十大小說之一」。

《暴風雨》變成具有難以計測深度的作品，從事創作的時期，莎士比亞大約是四十七歲，之後，他再也沒有單獨從事創作，他的生活中心，便逐漸轉移到史特拉夫德了。

晚年的莎士比亞

和其他劇作家的共同創作，便是莎士比亞最後的創作。一六一三年左右的《兩位王子》及《亨利八世》都是共同創作，合作的對象是年輕的約翰・弗雷查，被認為是頗具希望的劇作家，此人終於在下一個時代大放光芒。

和弗雷查共同創作的作品裏，有一篇稱為《卡迪尼奧》，內容根據同時代的西班牙作家塞萬提斯的《唐吉軻德》而寫，很遺憾的是現在已經遺失，成為夢幻般的作品。如果事實上這部作品是出自莎士比亞之手，今天仍然實際存在的話，文藝復興期二位大作家的世界，能為這一部作品帶來成果，這也許是我們可以預見的一點。

《亨利八世》在地球劇院上演，在公演時發生了意想不到的事件。一六一三年六月二十九日，也許是初演的日子。舞台上裝飾得很漂亮，國王即將登場的場面，依照事先的安排裝飾著折紙，擊出了慶祝的砲聲。但砲火卻飛到地球劇院的屋頂，著起火來，屋頂是用茅草蓋的，從屋頂到全體木造的劇場。結果，火一直蔓延，過了約一小時，劇場便完全被燒燬，只是瞬間的事情。最後，地球劇院決定一年後重建，這次是用磚瓦屋頂。第一代的地球劇院是用倫敦最初劇場的木材搭建的，經常都是先驅性的戲劇中心。英國的戲劇確立為戲劇的過程，不能不提及地球劇院的歷史。

莎士比亞創作生涯的大半，可以說是和地球劇院共同存在的。地球劇院的燒燬，以日常的觀點來看，只是行事上的一種過失而已。然而，莎士比亞的創作活動也進入晚年這點，兩者配合一起考慮的話，可以認為這是英國戲劇史上一個象徵性事件。

到了一六一六年，次女裘蒂絲結婚，她已三十一歲，以當時來說是非常晚婚的例子，身為父親的莎士比亞，終於能安心。但這樁婚姻有一點不幸，因為結婚

(上)：聖三位一體教會的內部
(左下)：莎士比亞的胸像
(右下)：莎士比亞之墓

對象的青年品行不良，兩人結婚後不久，這對新婚的年輕戀人因為某些原因發生了幾乎殞命的事件。因為這次的事件，一向將人們的表裏描寫得淋漓盡致的詩人心裏，究竟有怎樣的想法實在難以揣摩。

莎士比亞在遺言中關於裘蒂絲的項目，以極詳細的內容指示著。他為了讓女兒因為婚姻生活失敗而經濟發生困窘，留給裘蒂絲一份遺產，父親關愛子女的心意，可以從字裏行間感受得到。

莎士比亞的晚年，因為偶爾會來往於倫敦，但大概都是在故鄉的村莊獨自一人過日子。如果有包圍村莊農地的反對運動，他也絕不會參與。但莎士比亞的生命已所剩不多了，在死亡之前的一個月間，他的身體非常虛弱，他最後的日子已經來臨。他的遺體被安置在聖三位一體教堂的內部，他的墓碑有人創作了這樣的墓誌銘：

好友在耶穌之名下
埋於此地，來人不要將他挖掘起來
留置此墓碑的人希望他幸福
動我亡骸的人被詛咒吧

刻劃這些字句的墓碑，在之後的數世紀之間，讓人們懷念著莎士比亞，所有的人都遵循這些字句。

教會蓋了他的紀念像，讓人們可以永遠瞻仰莎士比亞的模樣，直到今天仍有許多人來瞻仰。紀念像的下面，雕刻了一段文字：詩人永遠離開了這個世界，時間是一六一六年四月二十三日，享年五十二歲。

莎士比亞年譜

西曆	年齡	年譜	背景及參考事項
一五五七		莎士比亞的雙親結婚。	
五八		雙親生下長女，夭折。	伊麗莎白一世即位。（～一六〇三） 羅勃·克萊恩出生。 湯姆斯·吉特出生。
六一			法蘭西斯·培根出生。
六二		雙親生下次女，翌年夭折。	布爾克的《羅蜜歐與茱麗葉的悲劇故事》出版。
六四		四月二十三日，威廉·莎士比亞出生於英國中部的史特拉德夫。（受洗記錄是四月二十六日）	克里斯特·馬洛出生。 卡里雷·卡利雷伊出生。 密柯拉茲羅去世。 新世界的航海開始。
六五	1	七月，父親約翰當選為市政府的參事議員。	
六七	3	弟弟吉伯特出生。	理查·哈貝茲出生。
六八	4	父親約翰當選市長。	蘇格蘭女王瑪麗被廢位。 此時，羅勃·安密出生。

一五六九	5	妹妹瓊安出生。	弗里恩即德斯卡那大公國王位。（柯西莫一世） 麥爾卡特製作世界地圖。
七〇	6		法蘭西斯・德利克航行至西印度群島。
七一	7	父親約翰當選為首席參事議員。	柯波拉出生。
七二	8	妹妹安出生。	發生聖巴索羅繆屠殺事件。
七四	10	弟弟理查出生。	詹姆斯・哈貝茲準備開設劇場。
七六	12	父親約翰申請徽章使用許可。 父親開始沒落。	倫敦初次開幕的劇場，西達戲院開演。 達奇安諾去世。
七七	13		倫敦的卡迪劇院開幕。 爾・貝斯出生。 德利克開始航行世界一周。
七九	15	妹妹安去世。	約翰・弗里契出生。
八〇	16	弟弟艾德蒙出生。	德利克完成世界性的航行。
八二	18	莎士比亞和安・哈薩威結婚。	新大陸的殖民開始。
八三	19	長女絲莎娜出生。	

一五八五	21	雙胞胎哈姆雷特及裘帝伊斯出生。（二月二日受洗）	
八七	23	莎士比亞可能於此時前往倫敦。 艾塞克斯伯爵劇團、雷斯達伯爵劇團等幾個劇團於史特拉德夫公演。	倫敦建設了玫瑰劇院。 馬洛執筆《馬爾他島的猶太人》。
八八	24		英國打敗西班牙的無敵艦隊。 馬洛的《弗斯塔博士的悲劇》初次公演。 蒙田的《隨想錄》第三卷出版。 此時，馬洛・吉特活躍於西班牙。
九〇	26	《亨利六世》一系列作品大概於此時前後創作。	
九二	28	莎士比亞成為活躍的演員、劇作家。	倫敦流行鼠疫。
九三	29	由於鼠疫大流行，劇場全面封閉。 抒情長詩《維納斯與安東尼》出版。	馬洛去世。

一五九四	30	《達伊塔斯·安東羅尼卡斯》初次公演。 二月六日，留下《達伊塔斯·安東羅尼卡斯》出版的記錄。 抒情長詩《魯克里斯的凌辱》出版。 六月，《達伊塔斯·安東羅尼卡斯》上演。 十二月，《錯誤百出》於葛萊公會法學院上演。	吉特去世。 羅貝斯事件發生。
九六	32	《維納斯與安東尼》第二版出版。 在宮廷御前公演。 此時，創作《理查三世》等作品。 此時，可能參加宮內大臣劇團。 八月，兒子哈姆雷特去世。 十月，父親約翰取得徽章使用權。 此時，創作了《羅蜜歐與茱麗葉》、《仲夏夜之夢》、《理查二世》、《約翰王》、《威尼斯商人》。	泰晤士河岸建立了史威劇院。 黑衣僧侶劇院開幕。
九七	33	五月，購入史特拉德夫的「新地點」。 十一月，《理查二世》、《理查三世》出版。 《羅蜜歐與茱麗葉》出版。	

一五九八	34	《亨利四世》二部作在此時前後創作。 《亨利四世》第一部出版。 七月，《威尼斯商人》的出版記錄於書籍出版公會。 十二月，《理查二世》、《理查三世》出版 《魯克里斯的凌辱》出版。	西達劇院被破壞。 發生安爾拉特叛亂事件。
九九	35	建設地球劇院，成為股東之一。 《亨利五世》大概於此時創作。 地球劇院上演《凱撒大帝》。 《羅蜜歐與茱麗葉》、《亨利四世》第一部、《維納斯與安東尼》出版。 《多情的巡禮》出版（是否為莎士比亞的作品？）	史賓塞去世。 艾塞克斯伯爵被逮捕。 奧利溫・庫洛姆爾出生。
一六〇〇	36	此時，創作了《溫莎淘氣的妻子們》。 八月，《亨利五世》、《如願以償》、《亨利四世》第二部出版，均登錄於書籍出版公會。 八月二十八日，妹妹瓊安的兒子威廉於此日受洗。	愛德華・安雷建設弗奇劇院。 倫敦設立東印度公司。

一六〇一	37	十月，《仲夏夜之夢》、《亨利五世》、《亨利四世》第二部、《威尼斯商人》、《達伊塔斯・安東羅尼卡斯》、《魯克里斯的凌辱》出版。 父親約翰去世。 此時，創作《十二夜》、《哈姆雷特》。	艾塞克斯伯爵因叛亂事件被處刑。
〇二	38	一月，《溫莎淘氣的妻子們》出版，登錄於書籍出版公會。 二月，《十二夜》於法學院上演。 七月，《哈姆雷特》出版，登錄於書籍出版公會。 五月，購入史特拉德夫一〇七英畝的土地。 九月，購入史特拉德夫的查培爾・雷恩四分之一英畝的土地。 《溫莎淘氣的妻子們》、《亨利五世》、《理查三世》出版。 此時，創作《托洛伊拉斯與柯蕾西塔》、《皆大歡喜》、《以牙還牙》。	奧地利設立東印度公司。
〇三	39	一月，《仲夏夜之夢》上演。	伊麗莎白女王逝世。

		二月《托洛伊拉斯與柯蕾西塔》出版，登錄於書籍出版公會。 五月，參加宮內大臣劇團、國王劇團。 《哈姆雷特》出版。 六月五日，妹妹瓊安的女兒瑪麗受洗。	詹姆斯一世即位（～一六二五）。 蒙田的《隨想錄》被譯成英文。
一六〇四	40	從此年至翌年，鼠疫大流行。 十一月一日，《奧塞羅》於宮廷上演。 十一月四日，《溫莎淘氣的妻子們》於宮廷上演。 十二月二六日，《以牙還牙》於宮廷上演。 《哈姆雷特》、《亨利四世》第一部出版。	詹姆斯一世的著作《香菸的反對論》出版。
〇五	41	一月，《亨利五世》於宮廷上演。 二月，《威尼斯商人》於宮廷上演。 五月，演員同伴弗里布斯去世，遺言中將三十先令贈給莎士比亞。 七月二十四日，外甥湯瑪斯・哈特（瓊安的兒子）受洗。 《理查三世》出版。	塞萬提斯的《唐吉軻德》第一部出版。 發生卡巴溫達陰謀事件。
〇六	42	國王劇團於宮廷演出《李爾王》。	林布蘭特出生。

一六〇七	43	此時，創作《馬克白》。 六月五日，女兒絲莎娜結婚。 十一月，《李爾王》出版，登錄於書籍出版公會。 十二月，姪女瑪麗去世，埋葬。 弟弟艾德蒙去世，葬於倫敦泰晤士河南岸的聖塞威亞教會。	被新大陸的維吉尼亞的殖民者推薦。
〇八	44	此時，創作《安東尼與克雷奧巴拉》。 二月二十一日，女兒絲莎娜的長女伊麗莎白誕生、受洗。 五月，《安東尼與克雷奧巴拉》出版，登錄於書籍出版公會。 八月九日，國王劇團的人員，與黑衣僧侶劇院訂立二十一年租約。這是開始使用的證據之一。 九月九日，母親瑪麗去逝、埋葬。 九月二十三日，外甥馬克•哈特受洗。 此時，創作《雅典的達伊莫》、《柯莉奧伊娜絲》、《波里克利茲》。	

一六〇九	45	五月，《十四行詩集》出版，登錄於書籍出版公會。 《波里克利茲》、《托洛伊拉斯與柯蕾西塔》出版。	伽利略發明天體望遠鏡。
一〇	46		發現太陽的黑點。 伽利略發現土星的衛星。
一一	47	《西貝里》上演。 玫瑰劇院上演《冬夜的故事》。 《波里克利茲》、《哈姆雷特》、《達伊塔斯・安東羅尼卡斯》出版。 此時，創作《暴風雨》。	欽定聖書出版。
一二	48	一月二十八日，弟弟吉伯特去世、埋葬。 十一月一日，國王劇團演出《暴風雨》。 十一月五日，國王劇團演出《冬夜的故事》	丹麥設立第一東印度公司 維吉尼亞種植煙草。
一三	49	《理查三世》出版。 二月十四日，弟弟理查去世、埋葬。 五月十日，購入倫敦布拉克夫拉亞茲修道院的房地產。 五月二十日，接受國王劇團演出《暴風雨》	

		、《冬夜的故事》、《亨利四世》、《奧塞羅》、《凱撒大帝》的酬勞。 此時，共同創作《亨利八世》等作品。 六月二十九日，地球劇院失火，付之一炬。	
一六一四	50		耶魯・克雷柯去世。
一六一五	51	四月，布拉克夫拉西茲的不動產引起訴訟。	塞萬提斯的《唐吉軻德》第二部出版。
一六一六	52	二月，女兒裘蒂絲結婚。 三月二十五日，寫下遺囑。 四月十七日，外甥威廉・哈特去世、埋葬。 四月二十三日，逝世。（埋葬記錄是四月二十五日）	塞萬提斯去世。
一六一七		二月，女兒裘蒂絲的兒子理查誕生。 五月，裘蒂絲的兒子西伊克比亞・克溫尼去世。 史賓塞夫妻移往「新地點」。 《維納斯與安東尼》出版。	班強生獲得桂冠詩人的榮譽。
一六一九		五月二十日，《波里克利茲》上演。 十二月，《冬夜的故事》、《哈姆雷特》、	黑人奴隸貿易開始。

一六二〇		《亨利四世》第二部於宮廷上演。 女兒裘蒂絲的兒子誕生。	清教徒畢克里姆・薩茲前往新大陸。
二一		《奧塞羅》出版，登陸於書籍出版公會。 四月二十二日，史賓塞的女兒伊麗莎白與湯瑪斯・納西結婚。	
二三		《奧塞羅》、《亨利四世》第一部、《理查三世》出版。 二月二日，《十二夜》於宮廷上演。 八月八日，莎士比亞的遺孀去世、埋葬。 十一月八日，初次的作品集出版。	新大陸方面的殖民十分熱烈。

國家圖書館出版品預行編目資料

莎士比亞／傅　陽主編
－初版－臺北市，品冠，民 95
面；21 公分－（名人選輯；2）
譯自：シェイクスピア・人と思想
ISBN 978-957-468-488-5（平裝）
1.莎士比亞（Shakespeare, William, 1564-1616）—傳記
784.18　　95014316

莎士比亞

ISBN-13：978-957-468-488-5
ISBN-10：957-468-488-1

主 編 者／傅　陽
發 行 人／蔡　孟　甫
出 版 者／品冠文化出版社
社　　址／台北市北投區（石牌）致遠一路 2 段 12 巷 1 號
電　　話／(02) 28233123・28236031・28236033
傳　　真／(02) 28272069
郵政劃撥／19346241(品冠)
網　　址／www.dah-jaan.com.tw
E-mail／service@dah-jaan.com.tw
承 印 者／國順文具印刷行
裝　　訂／建鑫印刷裝訂有限公司
排 版 者／千兵企業有限公司
初版1刷／2006 年（民 95 年）10 月

定　價／200 元